造形の記紀神話

埼玉古墳群を世界遺産に

柳沢賢次

まつやま書房

はじめに

『古事記』『日本書紀』の神話は、記紀神話と呼ばれている。記紀神話は長い間にわたり伝承され続けた時があった。

なぜ、そんなことがわかるのか。それはその代表的なものが埼玉古墳群として残っているからである。

埼玉古墳群はもともと、何を言っているのか解読できるものであった。ところが、その解読方法が途切れて、解読できる人がいなくなってしまった。

記紀神話は伝承されたものであるということは、例えが悪いのだが地震に例えられる。地震は震源地がある。いつどこで起こり、どこまで波及していったのかの問題が生じる。

このいつどこまでもを論じることは、恐らく一回限りのことも考えられるので容易ではない。記紀神話が伝承によるものであ

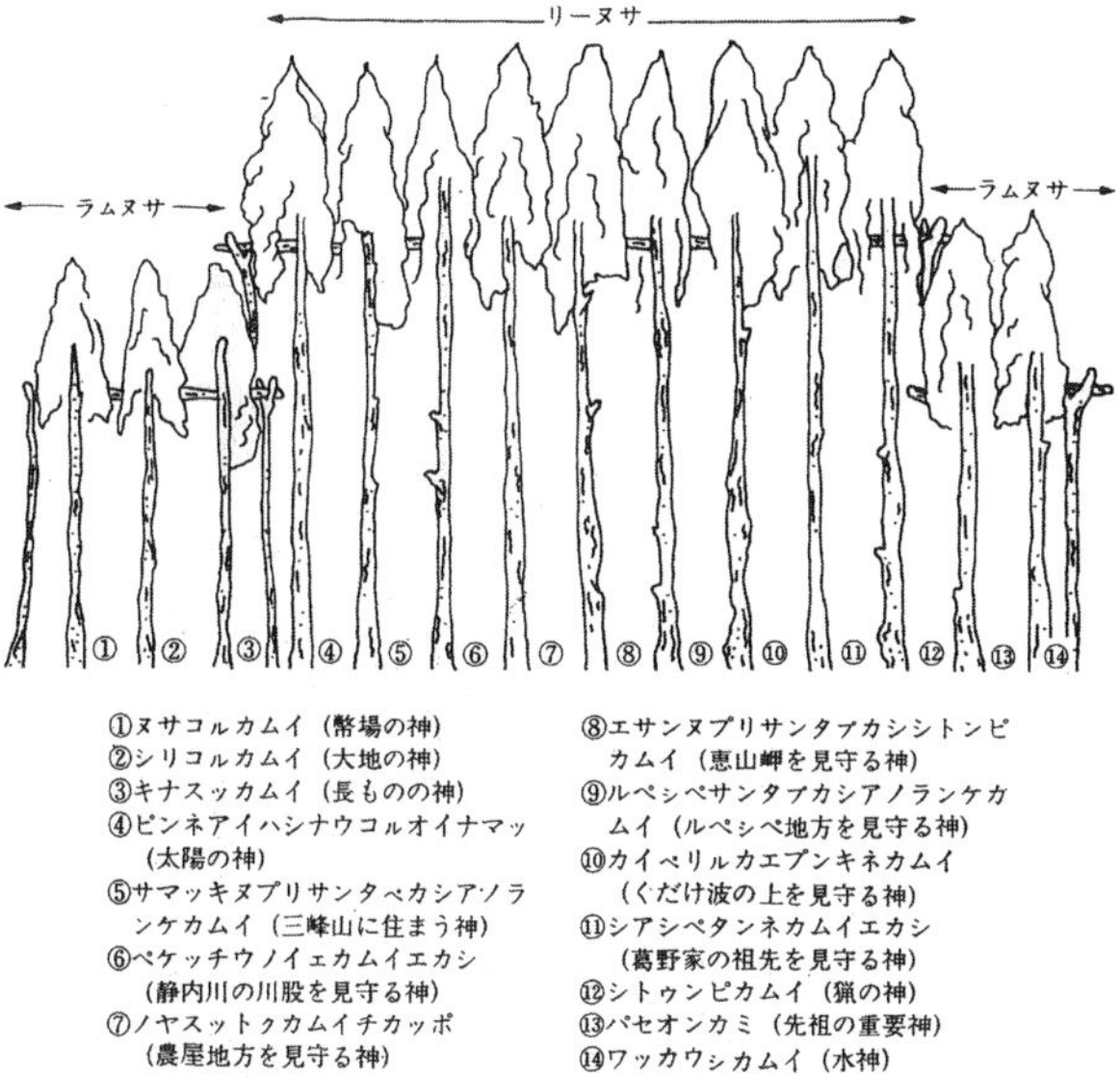

図０の１　木幣群図
梅原猛・藤村久和ほか『アイヌ学の夜明け』（小学館 1990）より引用転載

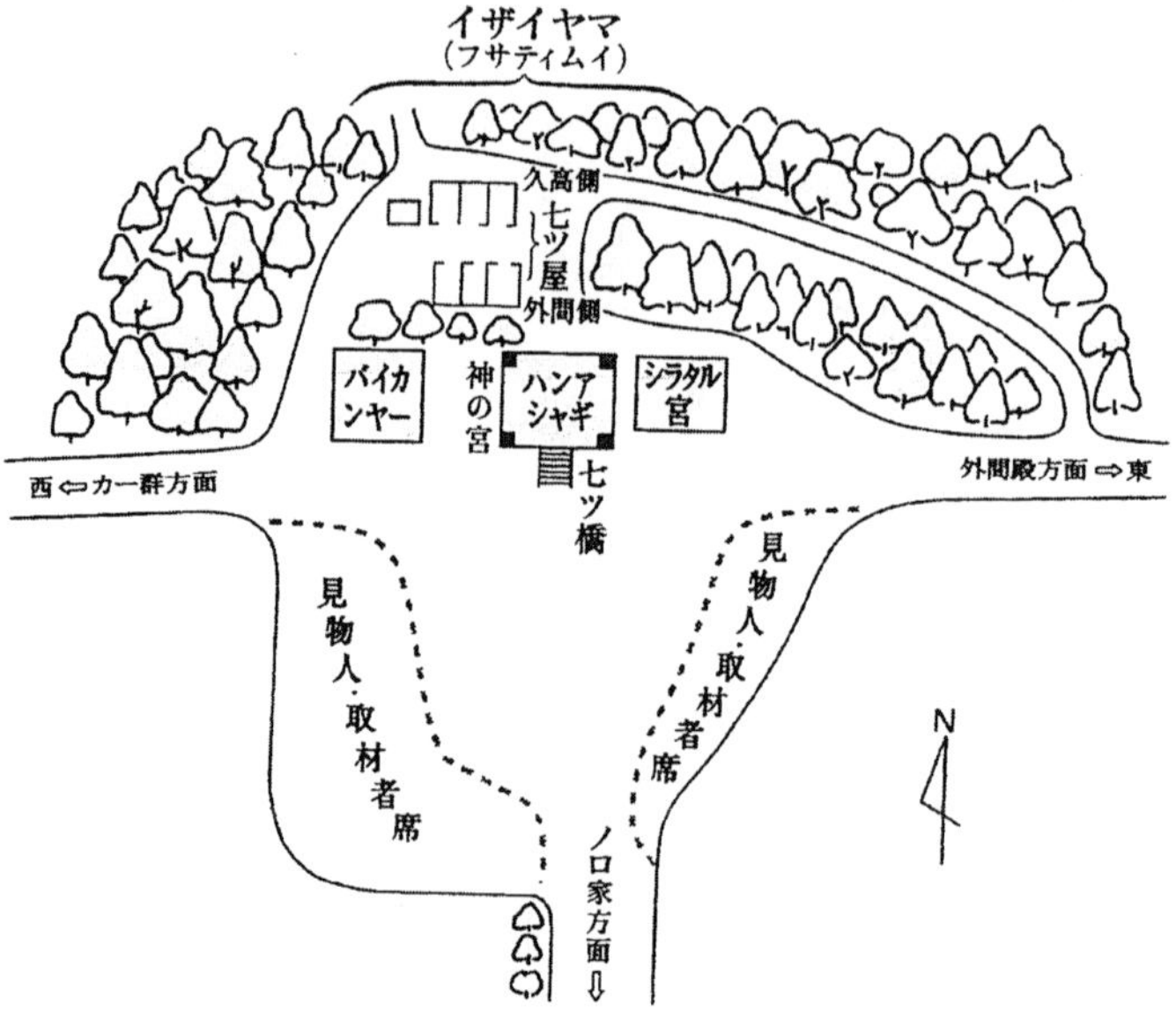

図0の2　イザイホー主祭場・久高殿
比嘉康雄『日本人の魂の原郷　沖縄久高島』（集英社 2000）より引用転載

るとの要件をしっかり定義することも必要になってくる。

どこまで波及したのかも容易ではない。震源地と思えるところを、極めて大雑把に決めて、その一番外れと思える地をあげてみる。

北は、アイヌの幣場《ぬさば》に表現されている。北海道日高郡新ひだか町静内東別《しずないとうべつ》の葛野家の幣場である。幣場は三区分されており、向かって左はヘビ神（長ものの神）、中は上から見守る神、右は先祖の重要神になる。

南は、沖縄県南城市の久高島である。十二年ごとの午年に行われるイザイホー（神女就任式）の主会場になる。向かって左は海蛇イラブーの燻製所、中央奥に木の繁るイザイ山、右は先祖の重要神を祀る白樽宮《しらたる》になっている。

記紀神話では、左は出雲の八岐大蛇《やまたのおろち》、

中は近江の天上に想定されている高天原のタカミムスヒ、右は伊勢神宮のアマテラスになる。

イザイホーの歴史は五百年ほど前に、「ノロ制度」が施行された時に、神職者組織を編成するために行われるようになったと考えられている。首里王府は琉球弧の間切（町村の古名）と島々に、ノロと称する土地を給する宮人として女性神職者を任命した。

イザイホーの歴史がそれほどのものならば、記紀神話伝承が八世紀初めに編纂されてから、その後もながながと伝承され続けていたことになる。その正確さに感心する。

このように記紀神話は伝承されてきたものであり、伝承のされ方は埼玉古墳群でもよく物語っている。伝承された内容が、埼玉古墳群の伝承は必ずしも記紀神話として記述されてないこともある。

例えば、埼玉古墳群の伝承では、天神と地祇の地上での激突が表現されている。高天原に相当する稲荷山古墳から地上に降臨したホノニニギに相当する奥の山古墳が、地祇の鉄砲山古墳に体当たりしている。そのため、奥の山古墳は大きく歪んでいる。

他にも高天原からホノニニギに随伴した天神の戸場口山古墳は、中の山古墳に食い込んでいる。さらに地祇の援軍として浅間塚古墳は駆けつけている。

埼玉古墳群は、後に述べる左上位のI型配置になっている。そのため、地上が平穏になっていないので、高天原の統治者が女神、つまり稲荷山の中心槨の被葬者は女性という決まりになっている。

そもそも、埼玉古墳群のような配置は、他にも存在している。基本型は仰向けになった人の形をしており、稲荷山古墳は顔、将軍山古墳は左腕になる。右腕は折り曲げた状態で丸墓山古墳、愛宕山古墳、瓦《かわら》塚古墳になる。二子山古墳は胴体、鉄砲山古墳は腹部というわけである。さらに、そろえて真っ直ぐ伸ばした両足のかかとの部分は奥の山古墳になる。

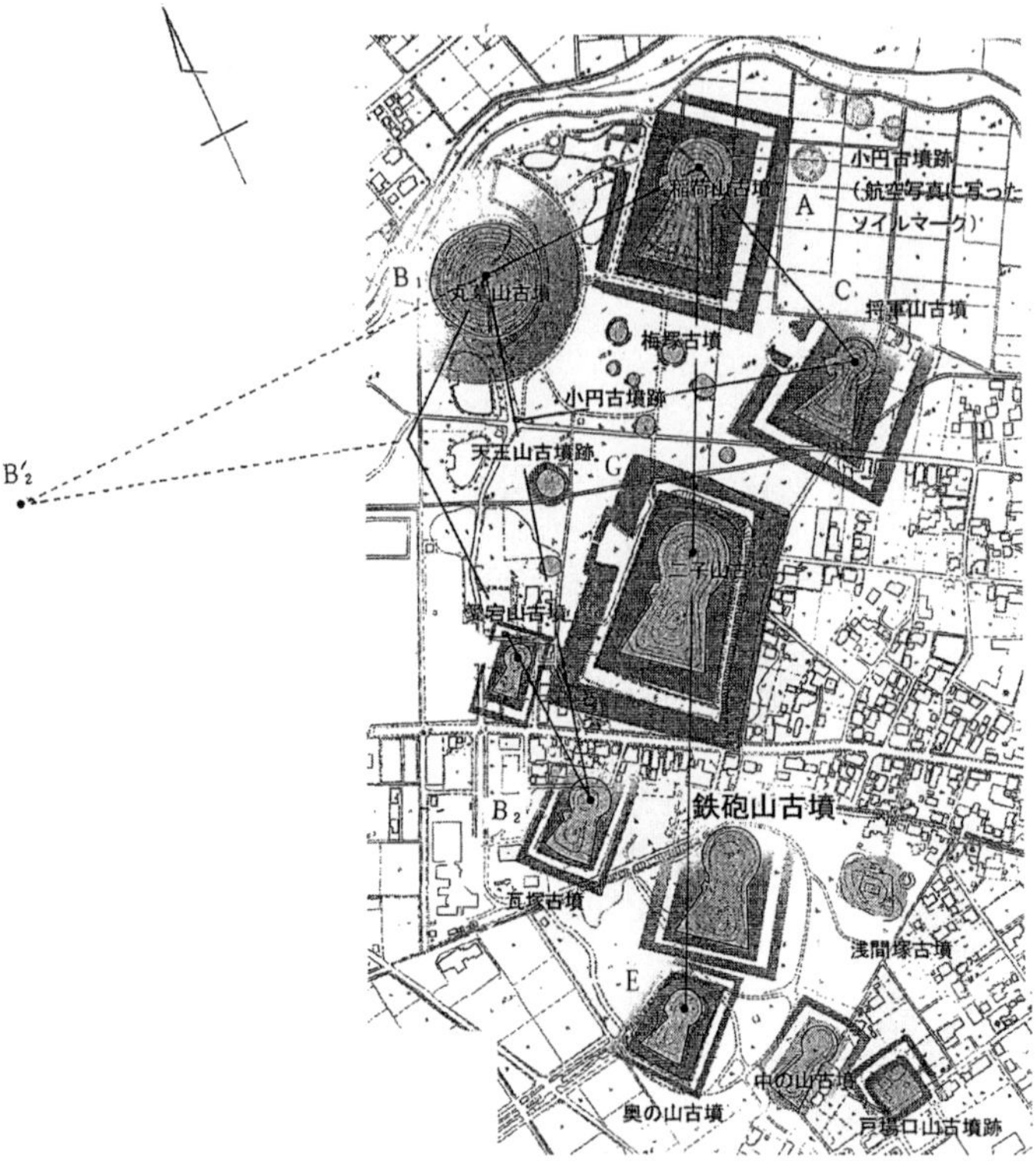

図0の3　埼玉古墳群
埼玉県立さきたま史跡の博物館「鉄砲山古墳発掘2010.9.25現地説明会資料」に引用加筆

ここからわかることは、遠い先祖は子孫が確実に神話を理解するように、伝えようとしていたことである。ちゃんと残る物で作り上げている。

記紀神話は、その人の形をした基本型を、日本列島に最大限に拡大しているのである。ホノニニギは日向の高千穂に天降《あまくだ》った後、笠沙《かささ》の岬に到達している。笠沙の岬は薩摩半島西南端、南さつま市笠沙の野間岬に比定されている。

埼玉古墳群は埼玉県行田市に存在するが、はるかに遠い笠沙の岬とかかわりがあるこ

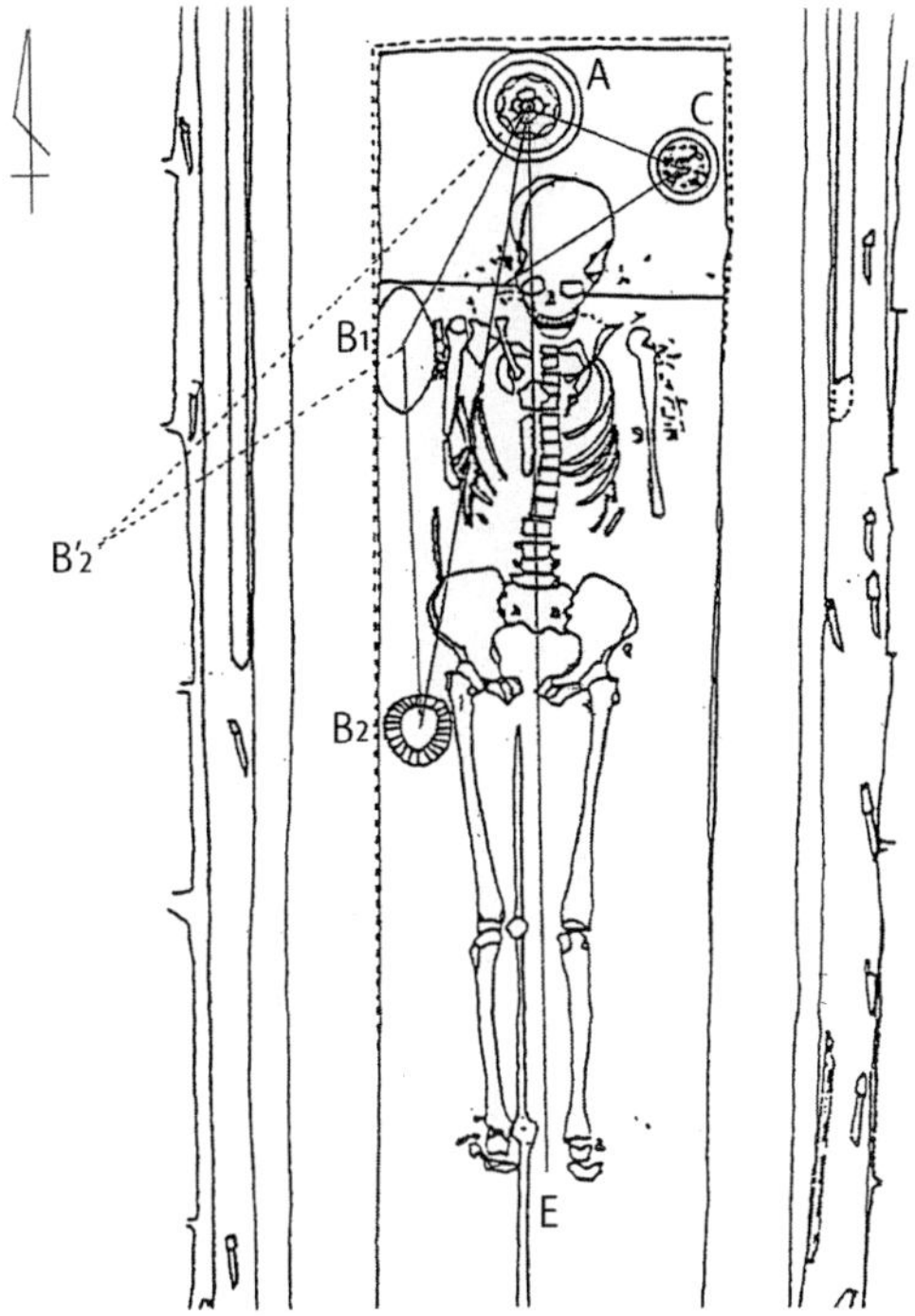

図０の４　向野田古墳の天孫降臨
富樫卯三郎『向野田古墳 宇土市埋蔵文化財調査報告書第２集』(熊本県宇土市教育委員会 1978) 第 13 図 (上段) 棺内・棺外遺物配置状態に引用加筆

とになる。埼玉古墳群は驚くほど多方面のことや、ものと関係に及んでいる。この度、その多方面がわかるように、一冊の本にしたいと考えた。

埼玉古墳群を知ることは、古代日本を理解するのに実に便利だ。埼玉古墳群を分析することは、古代日本を理解することでもある。埼玉古墳群の分析をしなければ、古代日本は的外れになる可能性がある。

歴史学者は、文字を通じて歴史を構成しているが、実に文字とは不便で不正確なものではないか。その不便さが良くわかるのは、記紀神話伝承の一過程を背負っている埼玉古墳群である。

埼玉古墳群は、古墳という造形物による表現手段を選択している。記紀神話は後発的に文字によって、その一部分が表現されているにすぎない。本当はいちいちその選択理由は何なのか、吟味する必要がある。

埼玉古墳群の神話伝承は、歴史を理解するために、文字の位置づけを具体的に教えてくれるまたと

埼玉古墳群
埼玉県立さきたま史跡の博物館提供

ない好例となっている。そうは言っても、私の手法は、現在の学問研究の位置づけとして、肯定的に確かなものとして扱われているわけではない。

　三十代半ばが過ぎた時、私は東京大学に事務員として勤務していた。私なりに気づいたことを雑誌に投稿した。その方面の研究に大学では何人かが携わっていた。

　私の発表に対して、「研究とは既存の論文に対して、付け加えることだ。まったく前例のない考えでは、評価の仕様がない」

と言われる始末であった。

私は、そのように付け加えることよりも、その対象は正しいことが証明されているのか、疑問になる。例えば、記紀神話は造作されたことを前提として、その造作された時期が論争されたことさえある。

また、他でも述べているが、「記紀神話は人の形をしている」とする考えは、文化人類学の大林太良ゼミの院生による、帰りの京王井の頭線の電車内での会話である。大林氏のその発表を待っていたのだが、他界されてしまった。

私としては、そのまま放っておくわけにはいかない。というのも、私がこれから述べようとする記紀神話の基本型と大きく関わってくるからである。

その基本型に関して、人を介して「今は別の研究すべきことがあり、研究すべきものではない。二〇〇〇年後にすべきことだ」と伝えてきたことがある。

研究とは、職業としての研究者の得手勝手なものだろうか。研究を私物化して、権利ばかりで義務は生じないとは思わない。私のような者でも発表の義務があると考えたい。

私は、大勢の人が埼玉古墳群を見学に来ることを望み、古代からの神話伝承が解読されることを望む。遠い祖先が埼玉古墳群のように有形物として神話を残したことを誇りに思いたい。人類史を豊かにするものとして、世界遺産に登録されることを切に願う。

〈目次〉

一章　『記紀』と無文字時代の伝達方法

——記紀神話は自らの出自を語る——

一　『記紀』研究は無理なのか

現代人の『記紀』研究は、的外れになっていると思うことがある。ところが現代人でさえ、無意識的に記紀神話伝承の基本型に従った分類にしてしまうことがある。その基本型は主に造形物の配置によって表現される。

記紀神話の伝承過程における、伝承物が今も残されている。その資料の存在は、ないとされている『記紀』の外部資料が存在していることを物語っている。一組の外部資料は測量技術の進歩とともに拡大してきた。

かねがね、私は、現在の学者や研究者が『古事記』と『日本書紀』（以降、『記紀』と表記する）の研究をするのは難しすぎる、というより無理だと考えてきた。どうやら、私はその理由を多少とも説明できるようになった。一刻も早く説明しなければならない。

『記紀』は無文字時代の独特な一定の伝達方法を基準に、その説明もなしに述べられている。『記紀』の読者は、その伝達方法を理解していることを前提としているのである。

このことは『記紀』の編纂当時、その伝達方法を理解していることは、編纂者の必須条件であったことはいうまでもない。そのため、その後の研究者は伝達方法を知らないのでは話にもならない。伝達方法は現在に伝えられてはこなかったので、いつの頃か途切れてしまっている。

現在、『記紀』研究の研究者では、最もこだわりとなっているのは津田左右吉の考えではないだろうか。その考えに賛成にせよ、反対にせよ、そうであろう。

ただ賛成者と反対者に共通していることは、どちらも確かな証拠を掲げれないことである。古い昔のことなので確かな証拠など示せるはずがないと、論争をしたところで、自分も相手も安易に思っているため、決着はつかないと安心しきっているのではなかろうか。そのため言いたい放題になりやすく、はなはだ研究に相応しくない様相を呈しているように思う。

その点、私のこれから提示しようとしている証拠は、単なる思う、考えられるにとどまらず、具体的な物を提示したい。まず、これまでの学説をどうとらえるのか、具体例で考えてみよう。じつに多くの研究者を納得させている津田の考えをみてみよう。記紀神話は六世紀の前半の継体—欽明朝のころ、宮廷が、天皇は悠久の昔からこの国土をおさめていたことを説くために述作（ファブリケート　fabricate）したものであって民族とともに伝わってきた歴史の伝承ではない[1]としている。

津田は記紀神話はでっち上げたものだというが、じつは記紀神話では自ら一定の伝達方法により伝えられてきたものだと述べている。津田はそのことに対して断るべきだったのである。断ったうえで津田は述作だと言い張る確かな証拠を提出すべきだったのである。もっとも伝達されてきたと解読できれば、他の関連事項もわかり、言い張るはずもなくなる。

津田はこれに限らず、これと同様の態度を繰り返している。なにも『記紀』編纂時にはそっくり文字の無かった時代の考えが不確かになってしまったわけではないのである。

記紀神話は民族とともに伝わってきた歴史の伝承ではないと、否定的に述べている。歴史の伝承ではないといえるかもしれないが、どうやら記紀神話は民族とともに伝わってきたといえそうなのである。現在、方々《ほうぼう》にその証拠が残っている。

それと記紀神話の最初の記述は六世紀の前半の継体―欽明朝のころとしたために、宮廷が述作したとなるのだが全くの誤りである。実際に記紀神話を伝える伝達方法は、現在において朝廷の存在が認められていない時代まで遡ってしまう。

それは紀元前三五〇年頃の福岡県西区吉武字高木の吉武高木遺跡の墳丘墓まで遡ることが可能なのである。[2] すでに後々の高天原・出雲・伊勢などを表現していると思える墳丘墓が存在している。当然のことながら今後は吉武高木遺跡よりも前にその伝達方法は存在していたのかを確めなければならない。吉武高木遺跡の後、図1の1のように伝達方法は一定の配置により相似形の幾何学的配置を維持するようになる。

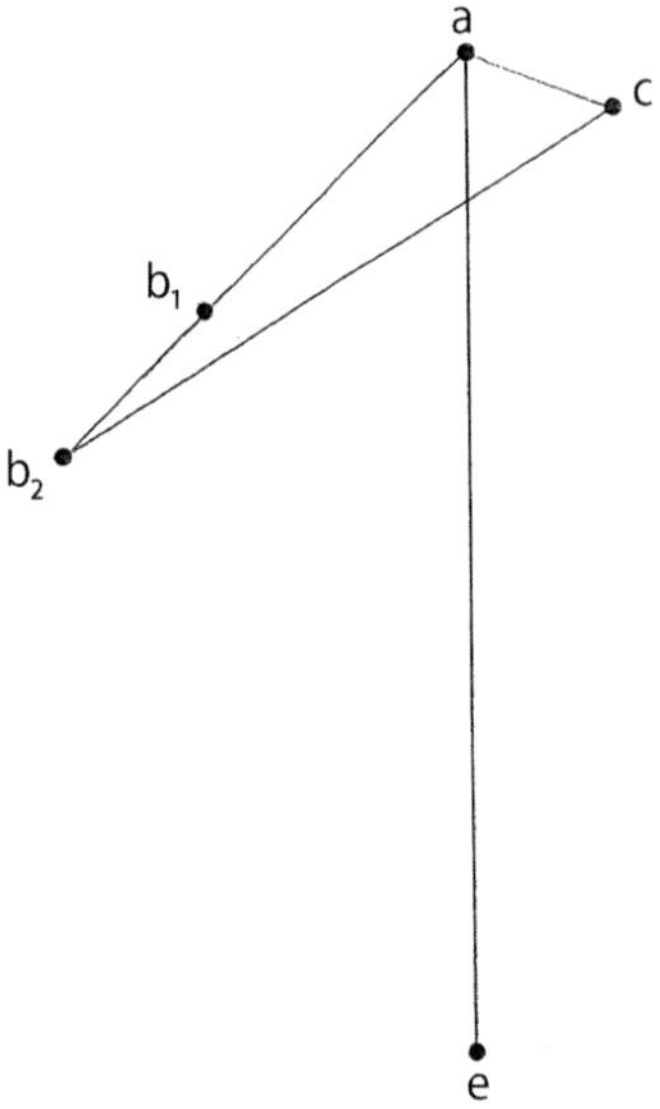

図1の1　伝達方法の基本型

図1の2のように、やがてその相似形の配置は、列島上に最大限まで拡大される。それは記紀神話の基本型といえる。

これから私の説明に用いるのは、列島の文字のなかった時代に存在した独特な一つの伝達方法である。その伝達方法の適用範囲内に記紀神話は入ってしまうことになる。

記紀神話は津田のいうのとは異なって、古くからの伝統がある。最近は津田に満足せず、八世紀前後の藤原不比等だという研究者もいる[3]始末である。

図１の２　記紀神話の基本型

その伝達方法は適用範囲が広く、とりわけ『記紀』研究においては重要である。『記紀』を理解するには、『記紀』の全面的に、伝達方法が重複して使用されていることに心得るべきなのである。

津田は「『古事記』のできあがったあと、わずか二年で、しかも同じ元明天皇の和同七年（七一四）に、新たに国史撰集の事業が企てられたのは何故であるのか、まったく了解ができない[4]」といっている。

しかしながら、これから説明しようと考えている伝達方法は、『記紀』は初めから同時に存在することを計画されたものであることがわかる。同時に存在することによって、『記紀』の理解がしやすく、むしろ理解は可能となっている。『記紀』は別個扱いされることのない、対の関係になっているのである。

津田は、「神代紀の注の多くの「一書」の中には、ほぼ『古事記』と同じものがあるので、それと『古事記』との関係が問題になる。この二つはよく似ているが、どの場合でもそれにいくらかずつの差異はあって、まったく同じではない(5)」といい、それはなぜかと問うている。

これは私が説明しようとする伝達方法が、記紀神話の編纂の基本になっていることを、よく物語っている。「よく似ているが、差異があって」とは、神話が歴史的変遷をもって伝えられたとまで考えられるのかの問題にもなってくる。はっきりいえることは『日本書記』神話の本文・一書、『古事記』神話の相互の位置づけの問題にかかわってくる。これらは伝達方法でははっきり位づけがされている。

さらに津田は、「文字のなかった時代の歴史的事実のいくらかの言い伝えが文字の用いられるようになった時代に存在していたかどうか、――『記紀』にそういう言い伝えが含まれているかどうかは、二書の記載そのものの研究によって判断するほかはない(6)」といっている。

津田の頭の中には、無文字時代には、前言往行ぐらいしか考えられないのか。しかも『記紀』の物語にあらわれていないゆえに、はじめからなかったものとしてしまう(7)。『記紀』は無文字時代の伝達方法を中心にすえて展開しているため、現在の研究では頓珍漢の疑問もはなはだしいことになってしまう。

津田は、文字のないような「幼稚な社会では、過去の事実を事実としてのちに伝えようというような意図があるらしくはない(8)」という。これから述べようとする伝達方法は明らかに後世に伝えようとした一大事業であった。津田の考えは伝承されていた当時からみれば現代には肯定されても、あまりにも的外れな一人よがりの考えなのである。

二 偶然の分類

時々私は、無文字時代の伝達方法をまったく知らなかったために、かえって説得力のある、その伝達方法のすぐれた研究者を見つけることがある。偶然に優るものはない。

その具体例を森博達《ひろみち》氏の『日本書紀の謎を解く』（一九九九・中公新書）よりみてみよう。まず、次の記述に注目しなければならない。

森氏は、「宣長も指摘しているが、『古事記』や『万葉集』などは呉音系で、『日本書紀』だけは漢音系である(9)」といっている。

伝達方法を考えるうえで、どれが、基準になっているのか、どれが多数なのか、あるいはどれが早く存在しているのかは重要なのである。『古事記』は呉音系で、『日本書紀』は漢音系であることは特に重要なのである。呉音系と漢音系はどのような特色があるのだろうか。

森氏は、「呉音は四～六世紀頃の南朝音を母胎とし、漢音は七～九世紀頃の首都、長安を中心とする唐代北方音を母胎としている(10)」といっている。

さて、森氏は、「七二〇年に完成した『日本書紀』全三十巻は、わが国最初の正史である。その記述に用いられた漢字の音韻や語法を分析した結果、渡来中国人が著わしたα群と日本人が書き継いだβ群の混在が浮き彫りになり、各巻の性格や成立順序が明らかとなってきた(11)」という。

はたして、それはどのような意味があり、わざわざ二分類にしているわけは何であろうか。それには森氏は答えていない。

そのうちのα群とは何かということになる。森氏は、「α群では、単一の字音体系に基づいて仮名が表記されている。しかもそれは当時の北方音であり、中国音そのものである。要するにα群は、七世紀後半から八世紀初頭の唐代北方音に全面的に基づき、原音によって表記されている」[12]という。

同様に、β群とは何かということになる。森氏は、「β群では倭音に基づく仮名が数多く用いられている。また、漢音系のみならず呉音系の仮名も用いられている。複数の字音体系に基づく仮名が混在している。β群では既成の仮名が少なからず利用され、漢字の原音（中国音）や単一の字音体系による吟味が行われなかったのである」[13]といっている。

ここまでくると森氏のいっていることは、それ自体は表のように当てはまることから、正しいことがわかる。

ここで『日本書記』の漢字表現がそれほど自在にわかるのかと、私は問われるかもしれない。森氏は無文字時代の伝達方法の特徴と同じ説明をしているので、実際に正しいことが私にとってはよくわかるのである。

しかも、森氏はβ群に対して、「複数の字音体系に基づく仮名が混在している」とか、「既成の仮名が少なからず利用され、漢字の原音（中国音）や単一の字音体系による吟味が行われなかった」ということは、それらに対する不満を感じているようである。だが、そのことが的確に、伝達

型		代表点	記紀神話	字音体系巻別分類	神名	埼玉古墳群
高天原	A	a	-	-	タカミムスヒ	稲荷山古墳
出雲	B_1	b_1	『紀』神話の本文	α群	スサノヲ	丸墓山古墳
	B_2	b_2	『紀』神話の一書	β群	オホクニヌシ	愛宕山古墳 瓦塚古墳
伊勢	C	c	『記』神話	漢化和文	アマテラス	将軍山古墳
宮都	D	d			（神武天皇）	
日向	E	e			ホノニニギ	奥の山古墳

表１　日本書紀巻別字音体系と相互関連の特徴

方法の一部であることを物語っている。

これは『日本書紀』の意図的・計画的なことに基づくものであって、α群とβ群は伝達方法にとって何にあたるのか、即答できることになる。適切な言葉ではないが、森氏の無文字時代の伝達方法の研究は結果的にはすばらしいことがよくわかる。

さらにはα群は単一の字音体系、β群は複数の字音体系としているのも、伝達方法の基本である。一対複数の関係、それで『日本書紀』が一つにまとめられている。これって伝達方法の何なのかということになる。

ところが、当然のことながら、森氏にとっては『日本書紀』の編修についての疑問となってしまう。α群の巻一四の雄略即位前紀に『「妻を称《い》ひて妹とする」とみえる。「日本人にとっては自明のことであった。それゆえβ群では「妹」字が妻の意味で用いられている場合でも注釈は加えられていない。ところが、α群の冒頭では、「蓋し古の俗か」と奇異な疑問を抱いているのである。日本語に精通していない者の懐疑である。中国人による原注であろう[14]』と述べ、「漢語、漢文の誤用はβ群に偏在し、α群は基本的に正格の漢文によって綴られていることが明らかになった。要するに、述作の姿勢や発想が根本的に相違するのだ。β群は日本語的発想によって書かれ、α群は中国語で書かれたのであるとする[15]。

「α群中国人述作説」の節の終わりに、森氏は、「β群の編修にはなぜ中国人が参画しなかったのか[16]」と疑問を提示する。それはα群はなぜ中国人の「蓋し古の俗か」と奇異な疑問のままにしておくのとどのような関係になるのだろうか。

α群には中国式に間違うことが必要だったからである。β群に「漢語・漢文の誤用」が偏在しているのとは、意味合いが異なる。β群の誤用は誤用というより当時の日本式に近くなることが必要だったのである。

「β群の選述者は、中国原音としての正音（唐代北方音）に暗かった。また潤色、加筆者は正格漢文に通熟していなかった。人材が不足していたのだ[17]」と森氏は考えるが、かならずしもそうとはいえない。

伝達方法にとっては、α群・β群のその特徴は、まさにそれ自身は正しいのである。そしてα群・β群のほかにそれに対応するに相応しいものの存在に考えが及ぶことになる。この伝達方法にはα群・β群にさらに添えて図1の1の扁平三角形になる一式の完成が必要なのである。

これまでみてくれば、多くの予測が伝達方法の決まりにより可能である。森氏は多くの具体例から「『日本書紀』の述作はα群がβ群に先行した。α群は主に持統朝に述作され、β群は主に文武朝に述作された[18]」と結論づける。

だが、その理由はもちろん、α群とβ群の存在理由がまったくわかっていないようである。ここは『日本書紀』の編纂者に不信を募らせる場合ではないことを理解いただきたい。

三　造形の伝達方法

日本の無文字時代には、私がこれから述べようとしている伝達方法が一つだけではなかった。ここにも井上光貞氏のいうように、日本の歴史の歩みをたどるには、「『記紀』の神話・伝承などにわずらわされないで、たしかな記録と考古学の成果をもちいて、歴史の歩みと、そのときどきの人びとの生活をできるだけ再構成してみることである[19]」という場面に出くわすことになる。

この「『記紀』の神話・伝承などにわずらわされないで」とは、今もってそうなのだが、『記紀』の神話・伝承は歴史的事実として扱うことができないという意味が含まれている。そして「たしかな記録」とは、『記紀』以外の日本の記録ではなく、外国が当時の日本のことを述べた記録なのである。

また、井上氏は、「『記紀』も歴史の所産だから―その素材のなかには、遺跡や遺物を研究する人類学や考古学ではとうていとらえることのできない、わたくしたちの祖先の思想や習慣が無尽蔵に編みこまれているということである[20]」といっている。私はこれは歴史学者の買いかぶりではないかと考えている。

「神話から歴史へ」でみるように考古学者と文化人類学者を参加させている井上氏ですら、歴史学者は考古学や文化人類学と距離をおこうとするのだが、私がこれから述べようとしている伝達方法は、『記紀』が文字で表現している。しかも文字より造形は表現が優っていて、わかりやすいことが多いようである。

そういうためには初めはおまえも、文字から造形を理解しようとしたのではないか、と反問されるかもしれない。伝達方法とは、文字に限らず、どれも知っていることが前提なのである。造形の伝達方法も知っていたならば、本来は文字のなかった時代のものであるから、文字を頼るなどと回りくどいことは、けしてしないはずである。

『隋書』俀国伝に「無文字唯刻木結縄」とみえる。「俀国」とは、倭国、日本の事である。日本は「文字がなく、文字の代わりに、ただ刻木・結縄のみで伝達している」といっている。

現在の日本の学者は「刻木」「結縄」が伝達方法の一手段だという実感がない。そのため「木を刻み、縄を結ぶ[21]」と訳しているのをよくみかける。

これから述べる伝達方法は、その刻木でも結縄でもない。つまり、『隋書』はその伝達方法をもらしていることになる。

刻木とは木を刻み方により、結縄とは縄の結び方により、意思を伝える方法である。それ自体は日本独自のものではなく、中国大陸にも存在する。

刻木・結縄のうち、片方だけを用いる民族もあるが、両方を用いる民族は多く、それはチベット・ビルマ語族である。チベット・ビルマ語族は、日本民族成立の根幹にかかわっていると考えるべきであろう。

刻木・結縄に対し、『記紀』に多用されている伝達方法は、さしずめ「造形」とでもいうべきものである。次にそれに適している言葉は「配置」であろう。造形を置いて、相互の位置関係やその置く順序を全体として表現する。

無文字時代の伝達方法といってきたが、文字が存在するようになっても、かならずしもそれまでの表現がなくなるものではなかった。その状況を知ることによって、日本人の文字に対する態度がわかり、文書の理解に極めて有効なのである。

津田は「シナの典籍の光によって明けはじめたわれわれ民族の歴史のはじまりが、わが国の文献によって開かれるそれよりも遥かに古い」といい、「『記紀』の転載の上代（古代のこと）の部分によってわれわれの民族の上代史はわからない」[22]といいきるけれども、はたしてそうとばかりいえるのであろうか。

刻木や結縄は、かならずしも紀元前のものは保存されているとは考えがたいが、造形は残っている。今回は紀元前にあたるものを主な例として使用はしないが、私の身近に存在する。具体的で多くのことを解明できるものを例にとりたい。

造形の伝達方法といっても、まったく同じ表現になっているのではない。それはそれぞれ同様の手段をとるが、伝える目的は多岐にわたっているからである。造形の伝達方法一セットにはそのためのある一定の共通した決まりがある。

それを客観的に表現できていなければならない。そして一定の共通した決まりの表現の一部をうまく気づけば、造形の伝達方法一セットを見つけ出すことができる。

まず、図1の3の配置をみてほしい。独特な配置になっている。各代表点 a・b_1・b_2・c・e がそのような間隔で置かれている。実際のものはA・B_1・B_2・C・Eで表現する。

したがって、このような図を画くには、それぞれの部分の代表点はどこなのかを定めなければならない。それによって相互の位置関係を正確に把握しなければならない。

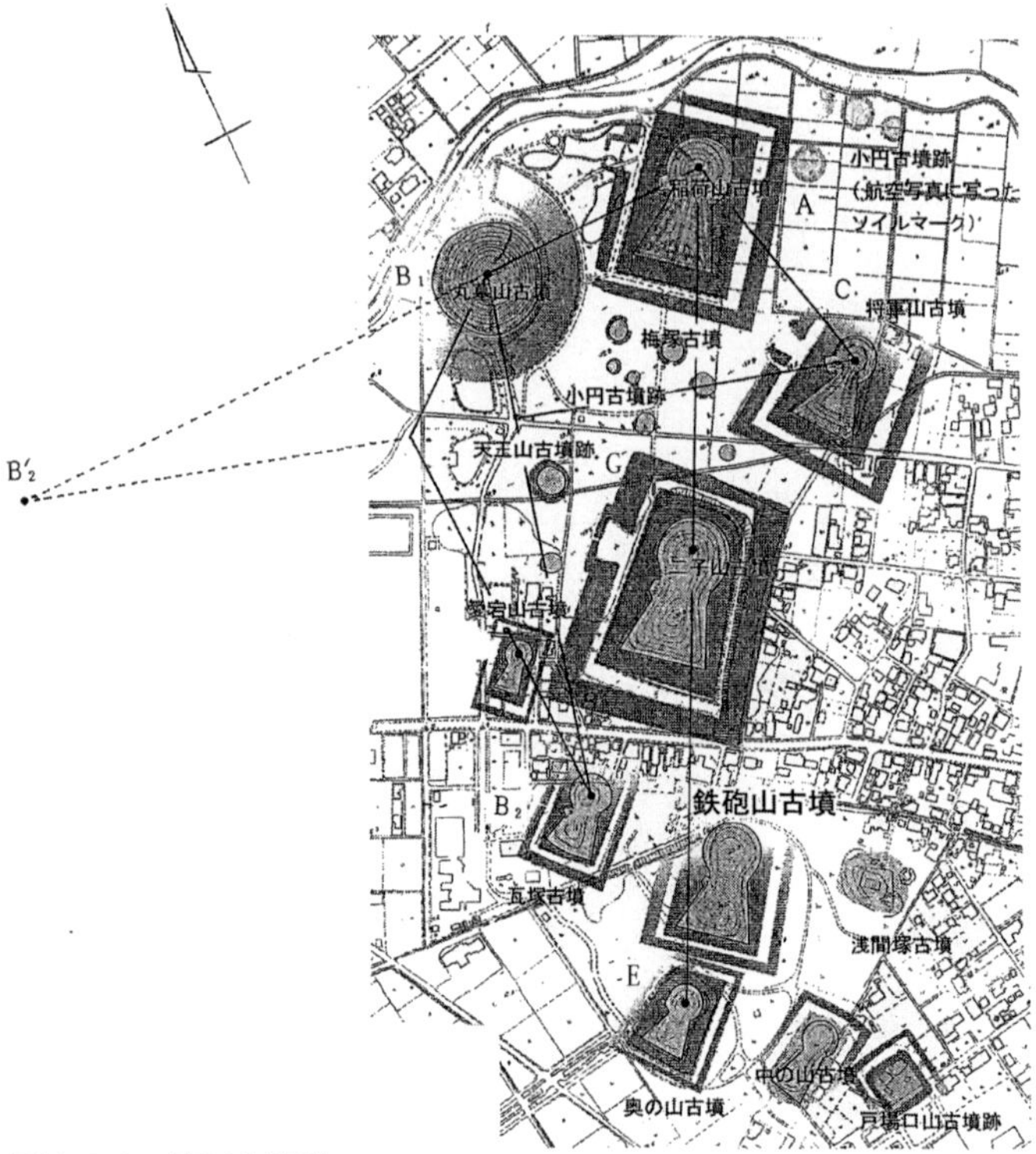

図１の３　埼玉古墳群
埼玉県立さきたま史跡の博物館「鉄砲山古墳発掘現地説明会（2010.9.25）資料」に引用加筆

各点が定まった後、相互に直線を引き扁平三角形ができあがる。ただし、直線b_1Cは引かない。点b_1は直線ab_2上に存在し、点b_1はない場合も多い。B_1とB_2はBとしてまとめられ、B_2が代表している。

三角形ab'_2cは、この伝達方法の基本的な配置である。点a・b_1・b_2・cは原則的な配置順になる。

このほかに図１の１のように点aから点eに直線を引く場合がある。さらに図１の２や図１の10のように扁平三角形の内部や外部付近に点dが存在する場合がある。扁平三角形に対し、点dが複数存在する場合は、配置順にd_1・d_2・d_3…と表記してきた。

点dはとりわけ定まった位置がないので、あまり述べないことにする。

各A・B_1・B_2・C・Eには、それぞれに特徴があり、逆に特徴からどれに該当するのかがわかる。実際にはそれぞれの位置に配置されていなくても、それぞれの位置に配置されたと考えれば便利である。例えば、B_1とB_2が定まれば、未定のCを探し、さらにはAを探す方法をとる。

ここでA・B_1・B_2・C・Eの特徴を述べる。

全体としての特徴、特定の相互における特徴、個々の特徴ということになる。例えば立岩堀田遺跡のCはサルタヒコになる。貝輪の着装による右腕Cの強調、足をばたつかせた様子は伊勢の海で貝にかまれて、おぼれる状態であろう。

まず全体としての共通した特徴がある。弥生時代の墳丘墓、古墳時代の古墳、一棺内のもの、天皇一代の宮都などである。造形の表現であるために、絶対的な表現は無理であって、相対的な関係になっている。

特定の相互における特徴は、B_1とB_2は仲間である。B_1とB_2の特徴はBとしての特徴であり、B_1とB_2の独自の特徴はあまり見つからない。

B_2とCは、とりわけ比較すべき関係のようである。そのためB_2とCだけに似ている部分もある。B_2を紹介することによって、Cの説明を間接的にするという手

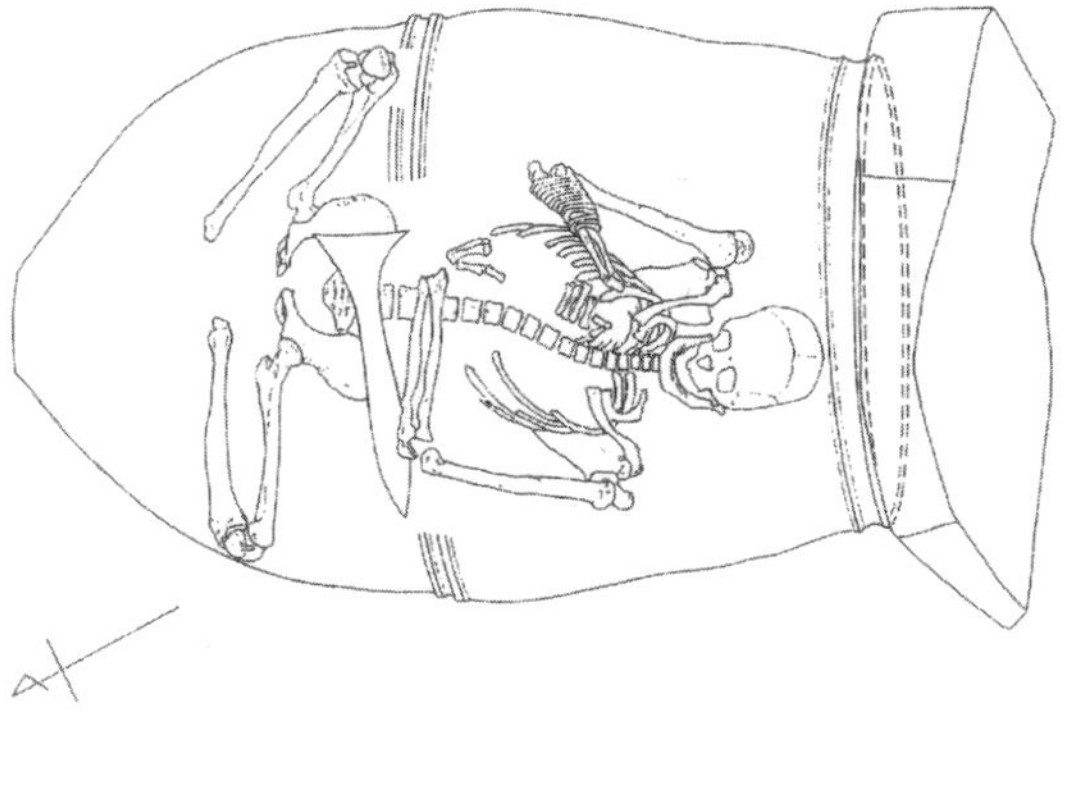

図１の４　34 号甕棺
福岡県飯塚市立岩遺蹟調査委員会編『立岩遺蹟』（河出書房新社 1977）より引用転載

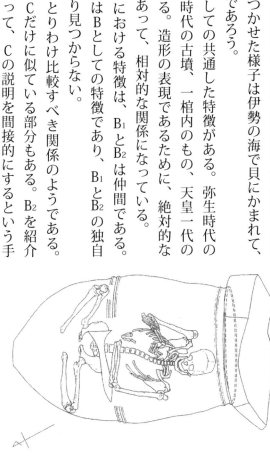

段をとる。Cはわかりにくい存在になりやすい。

EとAの関係は、とびきり遠く離れているにもかかわらず、直系として共通性が強い。AとCはもとより、CとEにも共通性はある。

今後はより読者の反応を早くするために、各造形を記紀神話になぞらえて、Aは高天原型（タカミムスヒ型）とする。B_1は須賀神社型（スサノヲ型）、B_2は出雲大社型（オホクニヌシ型）とし、二つ合わせて出雲型とする。Cは伊勢型（伊勢神宮内宮型またはアマテラス型）とする。Eは日向型（高千穂宮型・ホノニニギ型）とする。

A（高天原型）の特徴は、なによりも全体の基準になっていることである。そのため最も早くから存在する。別格的な存在であって、総合的である。Aに対して他は派生的・部分的といる。Aは他を見ているという視点的な存在でもある。

B（出雲型）の特徴は、まずAに対して例外的なことである。さらに複雑であるため説明しやすい。騒がしい・不安定・古いなど否定的な価値観が続く。

個々にではなくB_1とB_2を合計してBとして一緒に考えるので、大きいことを特徴とする。つまり、この伝達方法は大きなことに否定的な考え方なのである。

B_1とB_2の特徴を指摘することは、相互乗り入れをしているので難しい。B_1は最も特徴的である。すなわち最も異質なのである。そして誤りが多い。

B_2は単数の場合もあるが、複数存在することを特徴とする。内容はAとCの中間になるため、より正しくない、より望ましくないなどとなる。

Ｃ（伊勢型）は、一般的・単純・小さい・わかりやすい・静か・安定的など、Ｂと反対の関係になる。由緒があって、かつ、新しいという特徴をもつ。最も遅い存在である。

Ｅ（日向型）の特徴は、特別・高貴などの内容になっている。大きさは他と比べ一定でなく、比較的小さい場合と大きい場合がある。

四　記紀神話は自らを語る

記紀神話は、伝えられてきた神話であることを自ら述べている。簡単でわかりやすいので、その伝達方法に基づいて説明してみよう。

まず注目するのは『古事記』よりも『日本書紀』の神話である。『日本書紀』の神話は十一段より成っている。各段は本文と一書でできている。一書の数もそれぞれ異なっていて少ない段は一、多い段は十一である。

すべての段が本文が先で、一書は後に記述されている。これだけでも本文がB_1、一書がB_2の特徴になっている。

具体的に考えやすくするために、図1の1のような扁平三角形の原則的な図をあらかじめ用意しておいて、各点に当てはめていく。この場合、本文はB_1、一書はB_2の場所になる。

次に『日本書紀』の神話に対応する神話といえば、いうまでもなく『古事記』の神話である。『古事記』の神話は文量が少なく、『日本書紀』の神話のように異なった内容が記述されていないのでわかりやすい。

『古事記』の神話はCの特徴をもっている。Cの場所に「古事記の神話」と書きこむ。

『日本書紀』は舎人《とねり》親王らの撰で、養老四年（七二〇）に完成している。それに対して『古事記』は、和銅五年（七一二）に太安麻呂が撰録、献上したと「序」に書かれている。

「序」は、書物のはじめに成立や内容を伝えるために添えられる文章である。ところが、実際は「上表文」の体裁をとっている。「上表文」は、書物の完成をはじめに成立や内容を伝えるために添えられる文章である。

『古事記』は「序」をはずすとまったくの根無し草になってしまうと、三浦佑之氏はいう。これが多くの研究者が「序」の内容を否定できない最大の理由のようである。「序」がなければ成立年はもちろん編纂者や成立事情は、何もわからなくなってしまうとも、[23]三浦氏はいう。

はたして、そうだろうか。この「序」のあることは伝達方法からは矛盾なのである。その最大のものは『古事記』の「序」にいう成立年である。

『日本書紀』の神話がBの体裁をもっていて、『古事記』の神話がCの体裁をもっている。少なくとも『古事記』は遅く成立していなければならない。

Cの特徴は『古事記』の「序」のようには、自ら説明したがらない。伝達方法の決まりにのっとり、おのずから『日本書紀』は伝達方法のB_1とB_2であることがわかることにより『古事記』は対比的にどのような本かは説明がつくのである。

したがって『古事記』に「序」や「上表文」があることは本来的に適さない。本来なかったものなのである。

『古事記』と『日本書紀』とが並んで存在することがなによりの証拠なのだが、三浦氏は『記紀』が並んで存在することについて、説得力のある説明をできる者はいない(24)、と断定的にいっている。いないゆえに『記紀』研究は無理になってしまうのである。

『記紀』は絶えず相互に多角的に、伝達方法を理解するために検討しなければならない。そのため、記紀神話を並列にして記紀神話ということができないほどに内容が異なっているので、「記紀神話」と記述してはならない。『記』・『紀』神話とかくべきだ(25)とするのはいかがなものであろうか。

その代表事項が高天原であるという。『古事記』の神話では、皇祖神アマテラスはイザナギに高天原統治を命じられ、高天原に赴任している。実際には『紀』巻一～二所載の神代の本文には、わずかに神代第六本文のみに記述されている。『日本書紀』の異伝としては、神代第一段の一書第四、第四段一書第三、第五段一書第六、同段一書第十一、第九段一書第二に記している。

ところが、「高天原が、『日本書紀』巻一～二所載の神代の本文には一切書かれていない」としたり、「『日本書紀』が高天原をわずかに異伝として一書にのみ記す姿勢を、『古事記』のそれと同等に扱うことができない(26)」としている。

そこで『古事記』が高天原といっている個所を『日本書紀』では何といっているのかが問題になる。「天上《あめ》」なのである。

『古事記』では「高天原」といっているのに、『日本書紀』では「天上」といっている。それゆえ、

「記紀神話」などと一括りにできないというのである。

造形の伝達方法では、具体的に比較することが大切になる。「高天原」と「天上」では、どちらがより適切な言葉かを問題にしなければならない。

また、天上という表現ではどこの辺かと具体的に特定できない。すべての地上から高く離れた空間になってしまう。

高天原はその天上のどこでも該当するというわけにはいかない。特定の範囲になる。『記紀』は単独では高天原の代表点を求めることはできないが、両書合わせると可能になる。(27)「天上」よりも「高天原」が優った言葉なのである。

さて記紀神話は、B_1は『日本書紀』神話の本文、B_2は『日本書紀』神話の一書、Cは『古事記』神話となる。これらのB_1・B_2・Cに対するAは何かということになる。

Aとは、記紀神話より早くから存在し、記紀神話に至ったものをいうことになる。最も端的にいえば、記紀神話を伝えたものである。『記紀』は記紀神話が伝承されてきたことを述べていたことになる。

実際、記紀神話を単純化すると図1の1のように幾何学的配置になる。それと相似形の配置になるものが存在していることは、図1の2のように記紀神話がいかに正確に伝えられたものであるかを物語っている。

『記紀』編纂時の人々は、この伝達方法にはなじんでいた。『古事記』の神話を見ただけでは駄目だが、『日本書紀』の神話の本文と一書の形態を一段を見ただけで、それは伝えられてきた内容であることに気付いたはずなのである。

森博達氏が『日本書紀』の巻をα群とβ群とに二分類していることは述べた。はたしてA・B_1・B_2・Cの何にあたるのだろうか。

『古事記』は『万葉集』などと同じく呉音系のため一般的である。『日本書紀』だけは漢音系で特殊なのである。『日本書紀』はBの特徴から出雲型ということになる。出雲型がα群とβ群に分かれているとすれば、どちらかがB_1でB_2ということになる。

α群は単一の字音体系に基づいて仮名が表記されている。β群は複数の字音体系に基づく仮名が混在している。しかも、α群は早く主に持統朝に述作され、β群は遅く主に文武朝に述作されている。それが『日本書紀』として構成されているとなれば、『日本書紀』は全体としてもB（出雲型）なのである。α群はB_1（スサノヲ型）、β群はB_2（オホクニヌシ型）ということになる。

これに対してCは何にあたるのか。『古事記』ということだろうと、即答するかもしれないが、『古事記』に問題がないわけではない。

Cに該当する『古事記』の範囲はどこまでであろうか。「序」はいっている内容や表記が『古事記』と異なっている。

天地混沌から天と地に分かれる『日本書紀』の冒頭とは共通するが、『古事記』の本文自体とは異なっている。また、イザナギが目を洗った時、日・月が現われたとするアマテラスとツクヨミの表現は、特に本文と異なったぞんざいな扱い方となっており、本文と同時に「序」が同一人によって記述されたものとは思われない。

Cの特徴として「序」と本文などと分ける必要がない。Cとして異質があってはならない。

五　『記紀』の外部的資料

かつて坂本太郎氏は学会の公開講演で、『記紀』の場合の成立問題で「外部的史料から知られることはごく僅かであって、多くは『記紀』の内部的徴証に待たねばならぬので、『記紀』の内部研究が十分できたのちに、本当の研究はできるという関係にある」[28]といっている。

はたして、これは正しいのであろうか。「『記紀』は外部的史料から知られることはごく僅かだ」というが、そうともいえないように思う。「『記紀』内部の研究が十分できたのちに、本当の研究ができる」というが、現状をみれば実際は可能性の低いことがよくわかる。それはすぐれた外部的史料があるから外部的史料にとにかく頼らなければならないようである。

手っ取り早くという意味ではけしてない。

記紀神話は造形によって伝承されてきたと述べているが、記紀神話はその造形の内容のようにはかならずしも記述されていない。記紀神話は伝承されてきたと考える場合、その手段は言葉によって、口承だったとだれでもが考える。けして造形などとは考えないのである。

口承ならば、言葉は発せられたと同時に消えてなくなってしまう運命であった。ところが造形となれば、消えてなくなるどころか、現在も残っている。それも解読できるほど見事に残っている場合がある。

問題は言葉・文字・造形に対する日本人の対応の仕方の違いである。日本人は大切なことを正確に伝える意識に欠けていて、「以心伝心」、「行間を読め」となってしまう。

言葉や態度ですら「以心伝心」なのである。文字になると「行間を読め」となる。「察しろ」の造形のほうが肝心なところが気楽に表現できている。それゆえ造形の神話から文字の神話に内容を補充していかなければ、文字の神話だけでは理解できるはずがない。

そのため現在の学者や研究者が論じていることは、すべてといってよいほど間違っている。もともと研究とは、すべて間違い覚悟のものかもしれないが、だれもそれを望んではいない。

そこで記紀神話を理解するために、最もすぐれた造形の神話を紹介しようと思う。それは埼玉県行田市埼玉にある埼玉古墳群である。[29] 唯一といってよく神話の大要をほぼ古墳群で表現している。一般には、「辛亥年七月中記」で始まる金錯銘鉄剣の出土で知られている。

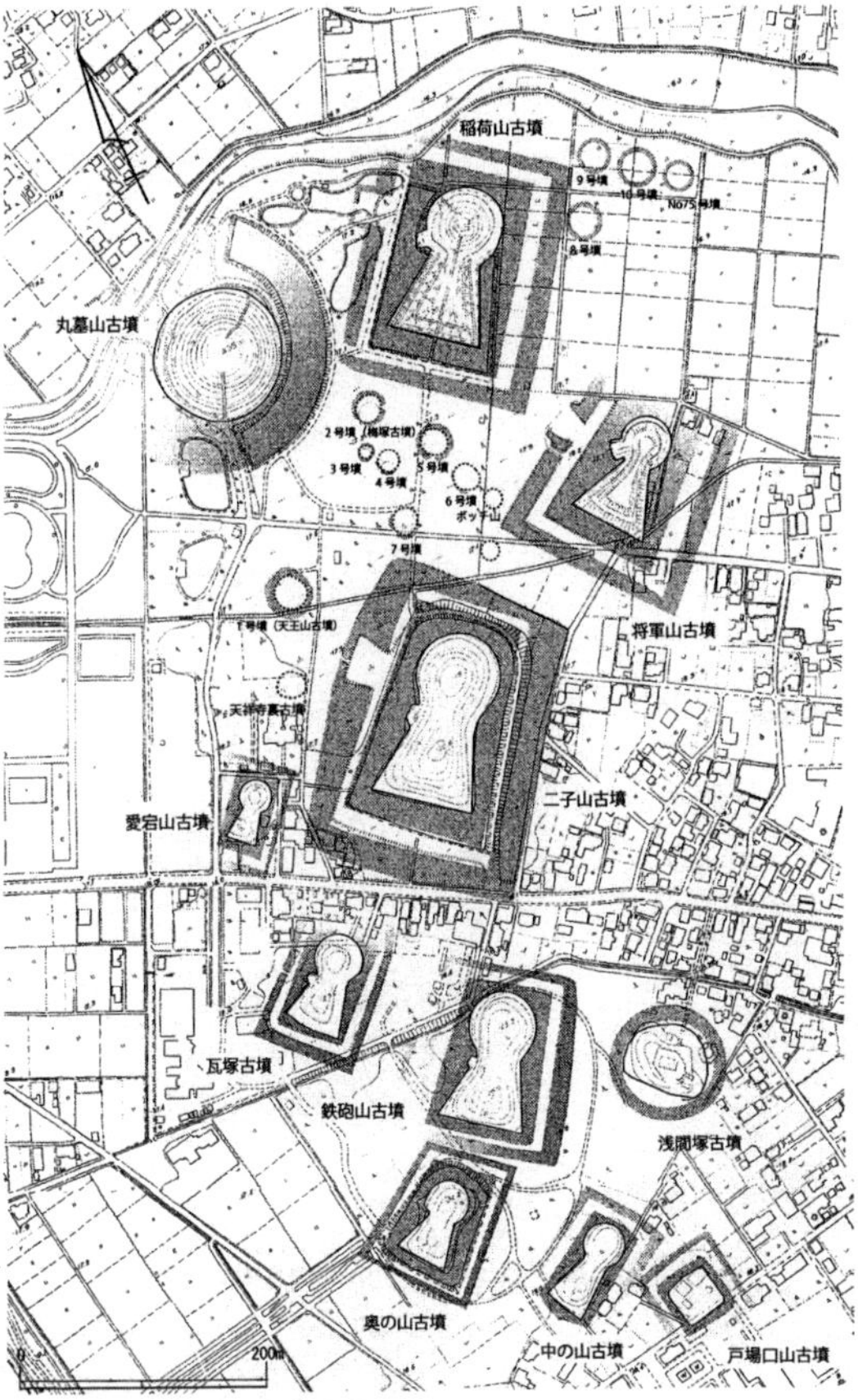

図1の5　埼玉古墳群全体図
埼玉県立さきたま史跡の博物館「埼玉古墳群史跡指定 80 周年・稲荷山古墳発掘調査 50 周年・鉄剣銘文発見 40 周年記念講演会（2019）さきたま あれから これから」資料より引用転載

私はそこの県立さきたま史跡の博物館へ「さきたま

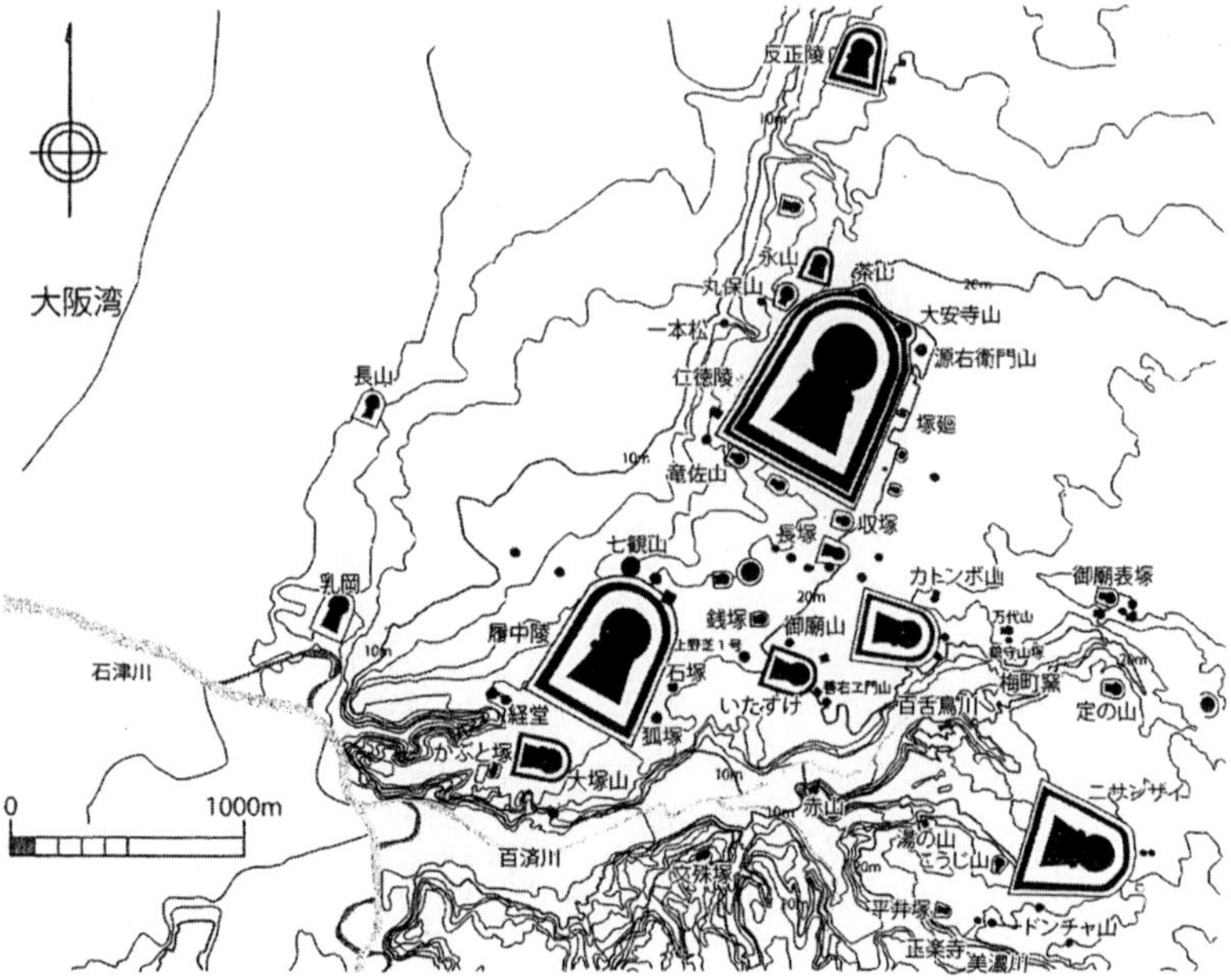

図1の6　百舌鳥古墳群古墳分布図
『百舌鳥・古市古墳群—東アジアのなかの巨大古墳群—』一瀬和夫（同成社 2016）

講座」聴講のためもあり、自宅から自転車でほとんど毎月出向いている。少しでも『記紀』全体を理解したいという気持ちがそうさせている。

『記紀』の最もすぐれた外部的資料がそんなところにあるのはおかしいではないか。なぜ、そうなのか、という声も聞こえてきそうである。

それは国内最大の前方後円墳、大山《だいせん》古墳（仁徳天皇陵古墳）を含む百舌鳥《もず》・古市古墳群からその理由はわかるに違いない。百舌鳥・古市古墳群は、平成二九年に国の文化審議会により、国連教育科学文化機関（ユネスコ）の諮問機関で、世界文化遺産登録の事前審査を行う非政府組織「国際記念物遺跡会議」（イコモス）で世界文化遺産候補となり平成三一年（二〇一九）に第四三回世界文化遺産委員会バクー（アゼ

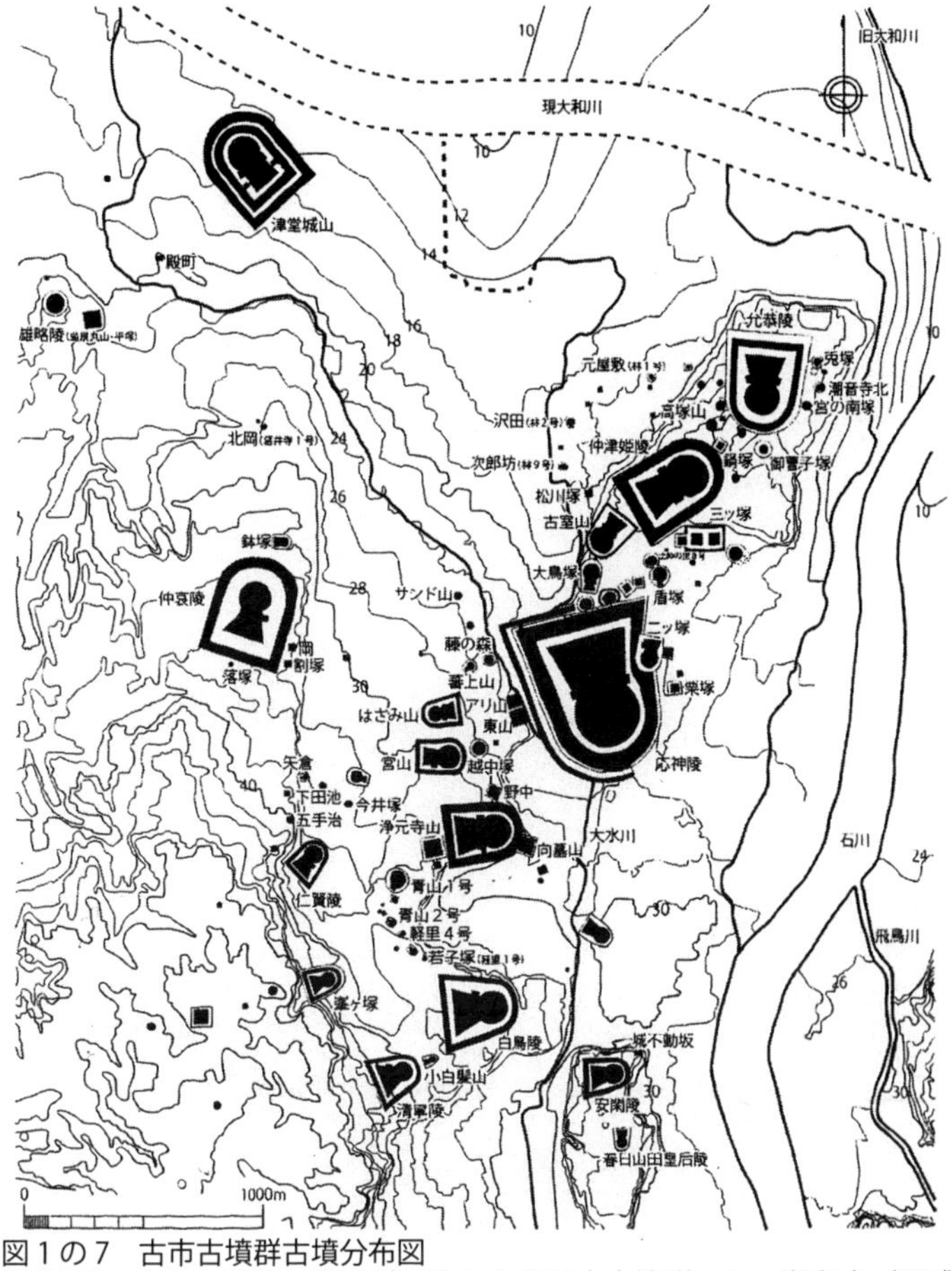

図１の７　古市古墳群古墳分布図
『百舌鳥・古市古墳群—東アジアのなかの巨大古墳群—』一瀬和夫（同成社 2016）

ルバイジャン）会議で登録されている。

百舌鳥・古市古墳群図をながめながら、長年にわたり私はある疑問に挑戦してきた。その疑問とは、百舌鳥・古市古墳群には造形の伝達方法があるはずだと探し続けてきたが、なかったのである。

百舌鳥・古市古墳群は、はたしてヤマト政権と関係があるのかとさえ思ったりした。

同じ古墳群といっても大きさが著しく異なる。百舌鳥古墳群は東西・南北四キロメートル四方の範囲に広がっており、古市古墳群は南北四キロメートル、東西三キロメートルの範囲に築かれている。その中に後の記紀神話にかかわる古墳群がたったの一群もない。

　埼玉古墳群は東西六〇〇メートル、南北九〇〇メートルにわたる。百舌鳥古墳群と古市古墳群は、埼玉古墳群に対して、二・三〇倍の広さなのである。

　注目すべきは古市古墳群を代表する誉田《こんだ》山古墳（応神天皇陵古墳）である。その立地は中・低位段丘面の氾濫原にまたがっており、前方部西側などに墳丘の損壊がみられる。これは先行する古墳が規制され、断丘崖につくられたため地震などの影響で崩壊したという見方が有力である。

　また墳丘くびれ部東側では二ツ塚古墳（墳長一一〇メートル、前方後円墳）をさけるため中堤がゆがんだ状態になっている。[30] 誉田山古墳は築造する初めから二ツ塚古墳の存在していることは折り込み済みなのである。内濠でさえそのことを考慮して造られている。

　似た例として埼玉古墳群は鉄砲山の周堀が他の部分と比べて狭いが、すでに奥の山が造営されていたので、それを避けている。避けられたにもかかわらず、戸場口山の周堀が、先に造られた中の山と重複している箇所がある。奥の

誉田山古墳（応神天皇陵古墳）
羽曳野市教育委員会提供

山の扱いは丁寧、中の山の扱いは粗末である。

埼玉古墳群は五世紀後半の行田市域に突如出現している。そして最後の七世紀半ばの戸場口山で完成している。

その築造内容から古墳群全体の築造は初めから計画されて設計図があったと考えるべきである。そのためには古墳群の築造が完成する条件が整っていたと考えなければならない。

埼玉の地は、その地にそれほど人の手が加わっておらず、いわば天地が初めて現れた状態といってよかったようである。『古事記』の神話の冒頭に相応しい地であった。

そこに記紀神話に至る伝承の一過程となる埼玉古墳群が造られ始めるわけである。けして百舌鳥・古市古墳群の地は、そのために相応しい地ではなかったのである。

五十嵐《いがらし》敬喜《たかよし》氏は、古墳に対して「なぜこのよう

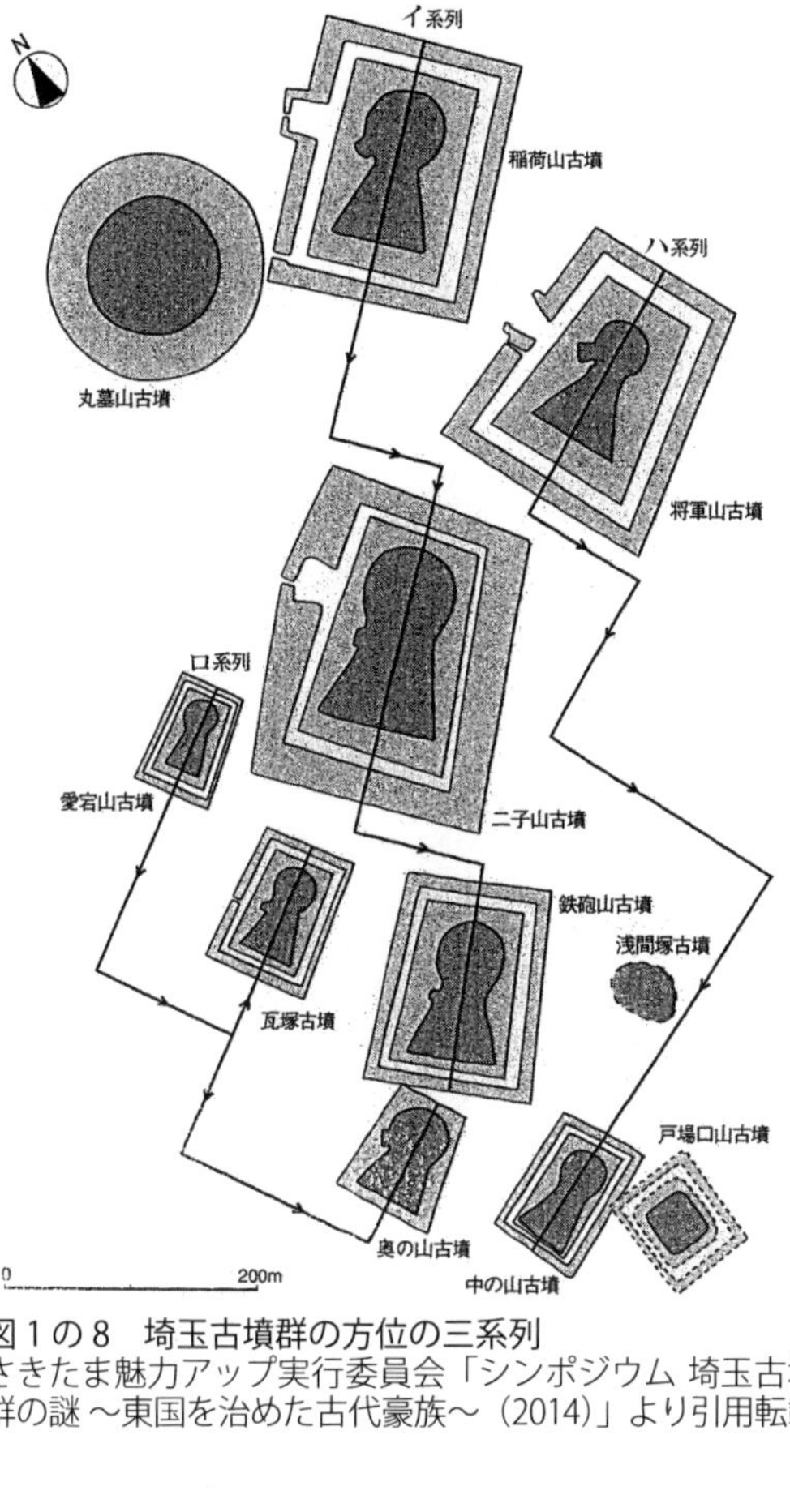

図１の８　埼玉古墳群の方位の三系列
さきたま魅力アップ実行委員会「シンポジウム 埼玉古墳群の謎 ～東国を治めた古代豪族～（2014）」より引用転載

な形の、かくも巨大なものが、いったい何のために造られたのか、なぜ古墳や陪塚の方向はバラバラなのか」[31]と嘆いている。その言葉は百舌鳥・古市古墳群や他の古墳群には、直接当てはまる。ところが埼玉古墳群はこれらに例外的にあてはまらないのである。埼玉古墳群は巨大には違いないが、巨大古墳というには当てはまらない。何のために造られたかは、よく説明できる。さらに埼玉古墳群の古墳の方向はバラバラにはなっていない。

前方後円墳の方位は三系列にわかれている。後円部の墳頂を基点にすれば、ほぼ南西付近の方向に納まってしまう。どうやら弥生時代中期初頭の吉武高木遺跡の墳丘墓群の伝統を引き継いでいるらしい。古墳群を際立たせようとしている。

埼玉古墳群は後世に古墳だけで表現した神話を残そうとしたのである。内容が内容だけに国家が後援した国家的事業であったことが考えられる。

吉武高木遺跡
福岡市提供

折りしもこの時代は、埼玉古墳群の稲荷山から出土した金錯銘鉄剣にみるように、文字時代に入っている。埼玉古墳群築造の五世紀から七世紀という時代は、日本にとって文字のない社会から、文字を用いる社会へ移行する時代だった。この時代は、日本を無文字時代と文字時代とに分ける分岐点だったのである。

日本が本格的な文字社会に入ったのは、埼玉古墳群の完成以降のことである。結果的にも無文字時代の記念事業となっている。

ところで百舌鳥・古市古墳群の古墳は、なぜ全体として取り留めのない方向を向いているのだろうか。それでは実際に古墳の方角をいちいち決めるのは大変なことだったのではないか。

百舌鳥古墳群
堺市提供

古市古墳群
羽曳野市教育委員会提供

百舌鳥・古市古墳群は考古学的研究や文献資料から四世紀後半から六世紀前半に築造されたことが確認されている。その時代の初めから終りまで、造形を配置して表現する、後々の記紀神話になる神話の伝承過程に入ってしまう。

当然のことながら安易にそのような造形の神話を表現することは

できなかった。さらに神話を表現したものと誤解されることは極力さけなければならなかったのだろう。

百舌鳥・古市古墳群の巨大な古墳は日本列島各地の古墳のモデルになっていることが知られている。出土する副葬品や埴輪などは各地の古墳に大きな影響を与え、古墳文化の中心といえる。また、馬具やガラスなどの副葬品は東アジア地域との交流を示している。

しかしながら、百舌鳥・古市古墳群の時代に、それより絶大な影響力を持っていたのは、造形による神話の伝承を守り続けることだった。それは百舌鳥・古市古墳群と埼玉古墳群の細部の違いからうかがい知ることができる。

百舌鳥・古市古墳群の造り出しは、ない場合、くびれ部付近の左側のみ、くびれ部付近の右側のみ、あるいは左右両側についている場合がある。しかも前方部のくびれ部付近のみで、後円部にはない。

埼玉古墳群もない場合もあるが、古墳の右側（西側）のみについて、左側にはない。しかも右側のくびれ付近の前方部か後円部かのどちらか片方についている。

後円部右側の造り出しは、埼玉古墳群のために用意されていたとしか考えられない。埼玉古墳群の後円部のくびれ部付近に造り出しがついている古墳は高天原型の稲荷山、伊勢型の将軍山、日向型の奥の山となっている。

六　測量技術と記紀神話

このように記紀神話とは、もともと造形の配置で神話を表現し続けたものであった。その一例が四世紀後半に築造と推定される熊本県宇土市松山町字向野田の向野田古墳の棺内配置（図1の9）である。

記紀神話とは、造形の神話を列島上に最大限に拡大したもの（図1の2）であることがわかる。最大限に拡大したために高天原を除いて神話の代表する神は、それぞれ列島の端近くに祀られている。

場所を拡大して継承とわかるためには、ある程度正確に拡大できなければならない。それによって各代表点が具体的に定まるのである。

図1の10の応神天皇の扁平三角形の宮都配置までになるにも、測量技術の向上とともに、それまでの扁平三角形の拡大は何段階にも及んだことは容易にわかる。[32]『日本書紀』には歴代古代天皇の宮都配置が、相似形の配置で大から小まで数多く自在に繰り返されている。[33]

それによってわが国独自の歴代遷宮の意味が具体的にわかることになる。性別により即位事情が異なっていたのである。

宮都配置の存在は、古代日本の測量技術の高さを認めざるをえない。歴代天皇はその技術集団を伴っていたことになる。

図1の2の降臨経路をあらわした直線から、そこに至った過程をあまり思わず、ただそれだけを見て、とかく無理だと考えられやすい。『古事記』では笠沙の岬からホノニニギの高千穂宮まで直線であることは断っている。さらに高千穂宮から続く天の磐座までの直線を、そう述べることは妙

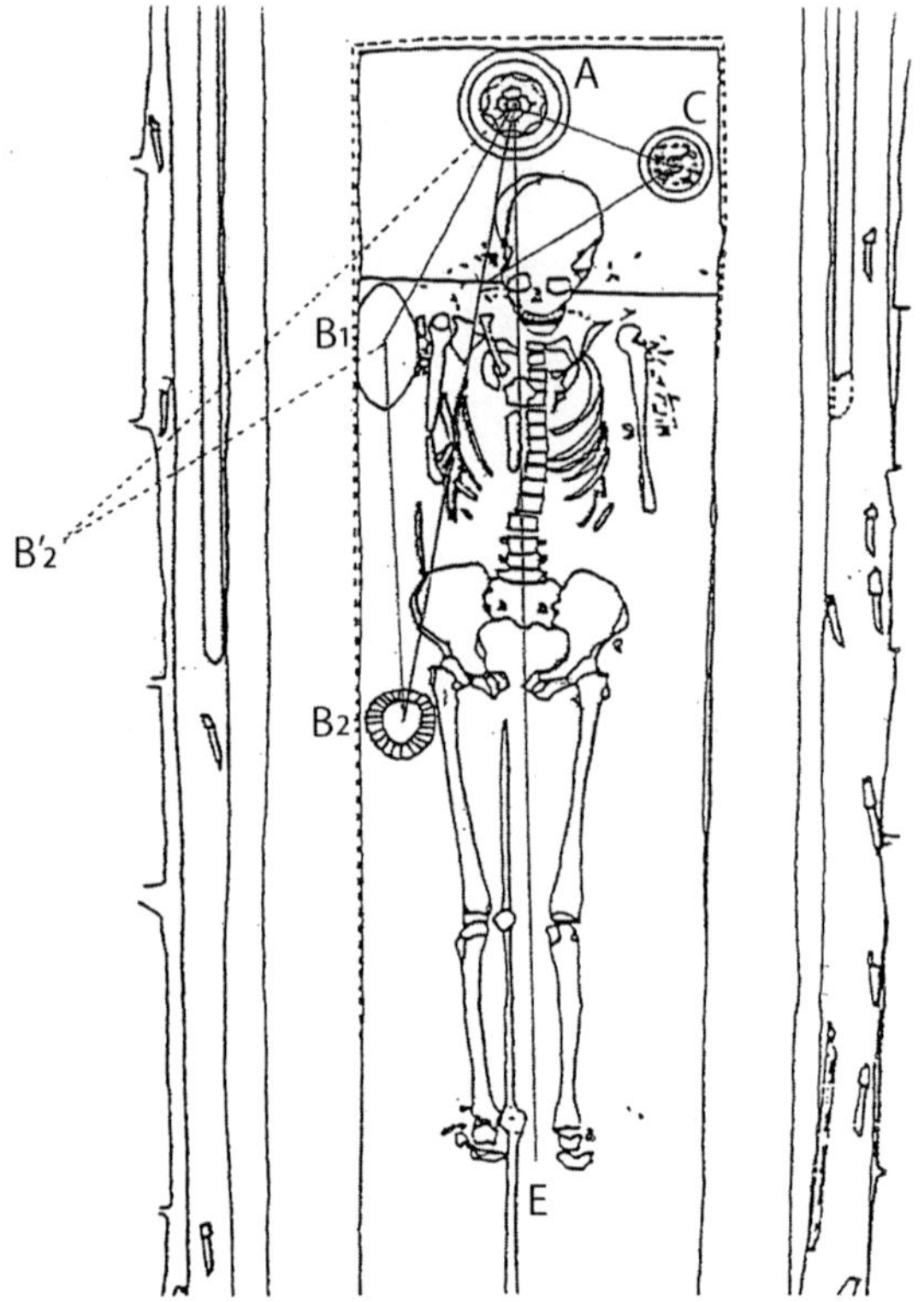

図１の９　向野田古墳の天孫降臨図
富樫卯三郎『向野田古墳 宇土市埋蔵文化財調査報告書 第２集』（熊本県宇土市教育委員会 1978）第13図（上段）棺内・棺外遺物配置状態に引用加筆

味をなくすということだろう。いかにも日本人らしい書きぶりといえる。

ここで、相似形の扁平三角形の大小の配置のうちで、実際はどの大きさまで測量が可能であったのかと改めて考えてみることが必要になる。だが、相似形の配置の可能性があれば、測量は可能であったと考えざるをえないのである。

図１の９の降臨経路の直線と比べて、それほど違ったものは考えがたい。朝廷の求めていたもの、結局はそれとほぼ同じものになるだろう。

古代日本ではどれほど測量技術が重要であったのかを考えてみると、図１の２のように降臨経路を表現できるほどの測量技術をまって、日本列島上に最大限に造形の神話の幾何学的表現を拡大して配置したことが考えられる。というのは、そのような測量技術がなければ、記紀神話に関係する

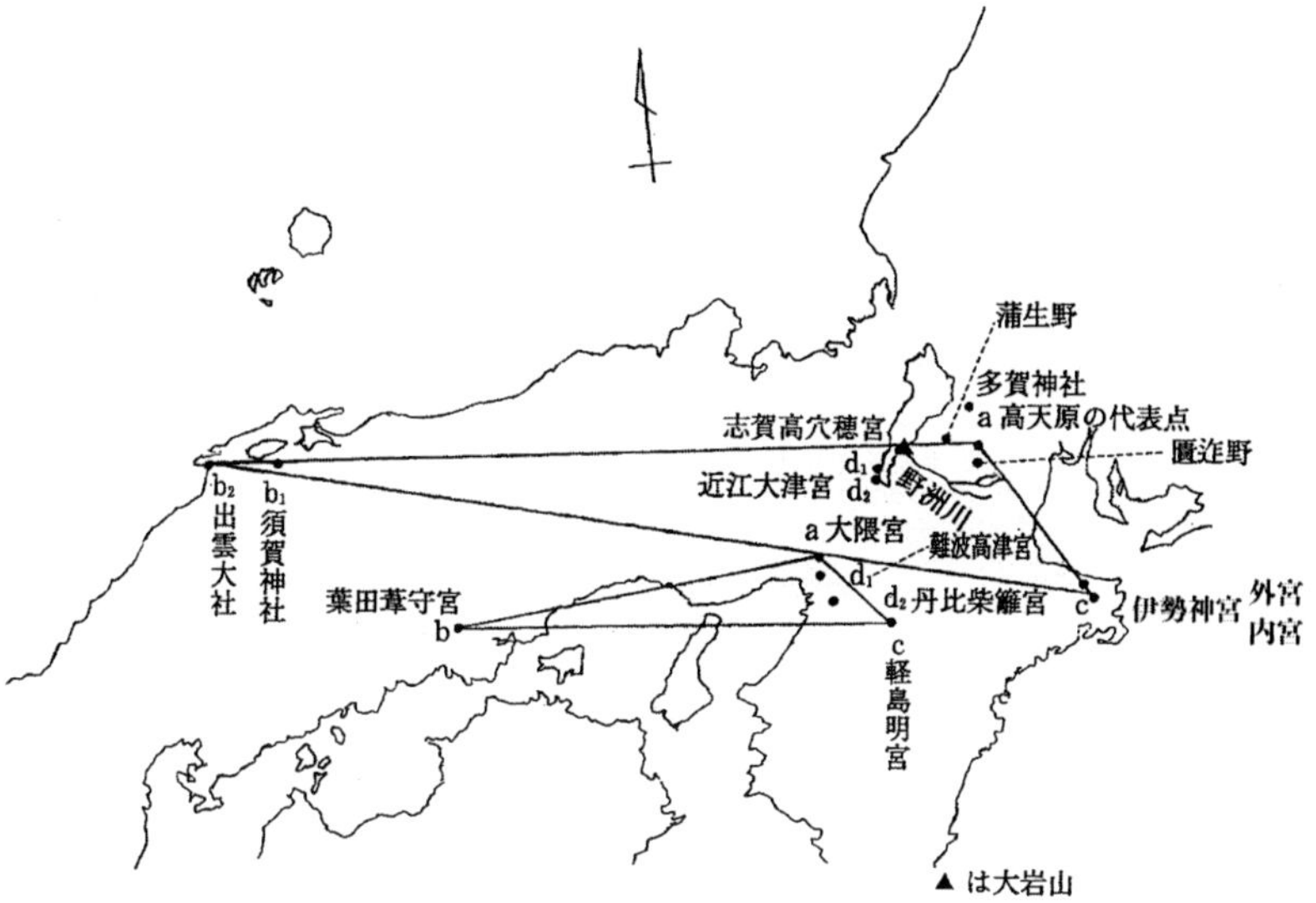

図1の10　記紀神話と応神天皇の宮都の扁平三角形

重要な地を、いつまでも安定して確定することができないからである。

直線を引くといっても、地球は球体であるから、実際は直線ではなく、地球の半球面に即した曲線を考えるべきであろう。私も試してみているが、それを地図上に描くことさえ難しい。

さて、造形の神話と文字の神話の同じ部分を比べてみると、感覚的に異なっているために、同じことを伝えていると具体的に説明することはなかなか難しい。ところが、どちらも伝えられた相互位置を忠実に幾何学的に表現しなおすと、偶然ではなくほぼ相似形の配置をしていることで納得できる。

そのことは多くの可能性をしめしている。まず無文字時代が具体的に解明できることになる。さらにわかったつもりでいる現代に至る文字時代を解明すべきことになる。

無文字時代から文字時代へ移向するという多く

の人類共通の過程への理解をしようではないか。いわば世界史のなかに、よくわかる日本の無文字時代が位置づけられることになる。

註

1　『日本古典の研究　上』津田左右吉（岩波書店）一九七二・頁六七一～六八八
2　「紀元前四世紀の記紀神話―吉武高木遺跡を読む―」『信濃』第62巻第三号　柳沢賢次（信濃史学会）二〇一〇・頁四七～六六
3　『神々の体系』上山《うえやま》春平（中公新書）一九七二
　『続・神々の体系』上山春平（中公新書）一九七五
4　『古事記及び日本書紀の研究―建国の事情と万世一系の思想』津田右左吉（毎日ワンズ）二〇一二・頁一一五
5　4に同じ　頁一〇九
6　4に同じ　頁九五
7　4に同じ　頁二七六
8　4に同じ　頁七七
9　『日本書紀の謎を解く』森博達（中公新書）一九九九・頁六三
10　9に同じ　頁六〇
11　9に同じ　カバー
12　9に同じ　頁九〇

13　9に同じ　頁八九～九〇
14　9に同じ　頁一七七
15　9に同じ　頁一七七
16　9に同じ　頁一七八
17　9に同じ　頁二一五
18　9に同じ　頁二二二
19　『日本の歴史1　神話から歴史へ』井上光貞（中公文庫）一九七三・頁一〇
20　19に同じ　頁九
21　『新訂　魏志倭人伝　他三篇』石原道博編訳（岩波書店）一九五一・頁七〇
22　4に同じ　頁七六～七八
23　『古事記のひみつ　歴史書の成立』三浦佑之（吉川弘文館）二〇〇七・頁九四
24　23に同じ　頁九五
25　『新修　日本の神話を考える』上田正昭（小学館）二〇〇三・頁二九など
26　「なぜ、神武東遷は九州から出発するのか」『古事記　古代史研究の最前線』工藤浩（洋泉社）二〇一五・頁一一一
27　「ヤマト政権統治開始の証明―大岩山銅鐸遺跡の復元と解読―」『信濃』第64巻第3号　柳沢賢次（信濃史学会）二〇一二・頁一五～四〇
28　『古事記と日本書紀　坂本太郎著作集　第二巻』坂本太郎（吉川弘文館）一九八八・頁五

29　「埼玉古墳群と『記紀』との照合―無文字文化の代表を世界遺産に―」『信濃』第66巻第5号　柳沢賢次（信濃史学会）二〇一四・頁一四～三四

30　「天皇陵古墳解読」『天皇陵古墳』今尾文昭（大巧社）一九九六・頁三六一～三六五

31　「はじめに」『古墳文化の煌めき　百舌鳥・古市古墳群を世界遺産に』五十嵐敬喜（ブックエンド）二〇一三・頁一八

32　27に同じ

33　「非常時と女帝の宮都―性別により左右の配置が逆になる―」『信濃』第65巻第4号　柳沢賢次（信濃史学会）二〇一三・頁二三～四五

二章　造形の記紀神話

——高天原と宮都配置について——

一　造形と文字の神話

『古事記』（以後、『記』と表記する）と『日本書紀』（以後、『紀』と表記する）の神話をどう考えるのかについては、大きく分けて二つの考えがある。

『記』『紀』の神話は天皇がこの国を支配することの正当性を示すために、六世紀の前半の頃、ヤマト朝廷で国家組織が整頓してから造作されたという説である。その時代の治者階級の思想がそれに表現されているから、古代思想史の史料としては大きな価値がある。それゆえ、『記』『紀』の神話などといっているものは、神話ではなく、神話として論じる価値もないとする考えである。

それに対して、それは現代的な解釈すぎるのであって、昔の人がいったいだれに向って主張して、宣伝をしようとしているのか、そんなことをする必要はないという。自分たちがそう思ったから、そのように書いている。つまり昔からの伝承を基にして書いているとする考えがある。

前例は津田左右吉氏の考えであり、後例は坂本太郎氏の考えになる。[1] 両者の考えは相反するように思われるが、じつは極めて共通している部分がある。

両者にそれではは具体的にその証拠を見せてほしいといえば、どうなるのであろうか。両者にけげんな顔つきをされてしまうのが落ちであろう。

記紀神話は述作（ファブリケート）[2]であるとすれば、そもそも証拠うんぬんとなることはない。神話は伝承されたとなると口から口へと言葉によって伝えられたとして、その他のことは考えなくてもよかった。それゆえに文字として保存されない限り、聞いた段階で音声は消えてしまう。

ところが、記紀神話は実際はそうではなかった。文字になるまでは口承もあったかもしれないが、造形などにより千年以上も表現し続けてきたのである。

そのため、その造形の存在がわかる最初から具体的であって、整序化され歴史的に順序だった構成と体系をもっていたと考えられ、「神代史」ともいうべき要素がきわだっていた。今わかっていることは、弥生時代中期初頭の紀元前三五〇年頃まで遡ることができる。

それは博多湾に面した早良平野、福岡市西区吉武字高木の吉武高木遺跡(3)の墳丘墓である。国家組織が整頓してから後の時代とするよりは、はるかに早かったのである。

千年以上もあれば、その間に神話の内容も変遷したらしいのである。オホクニヌシに相当する神は初めから存在していたようであるが、スサノヲに相当する神の表現は、島根県出雲市斐川町の神庭荒神谷遺跡(4)の銅剣・銅鐸・銅矛の配列からのようであるらしい。出雲を代表する神は、もともとは二神ではなかったのである。

さらにいえば三種の神器は玉・鏡・剣であるが、そのうち銅鏡には対応する古い形態がなく、伊勢神宮の古くて新しいとする特徴を説明できない。本来は釧こそ縄文時代の古くから存在していて相応しく、古い素材と異なる新しい、南海産の貝釧や銅釧が該当するようである。

記紀神話の内容は当然のことながら記紀神話に限ったものと考えることが無理であって、絶えず他のことに影響を与えたことになる。どうやら歴代天皇は絶えず神話を意識して宮都の遷移(5)をしていたようであるし、『記紀』全体の編纂(6)も神話の価値観に従っている。

要するに記紀神話の理解なしに、『記紀』の他の部分の理解などありえないのである。とてもではないが、現代の学者や研究者のように、神話は歴史でないから歴史研究として問題に価しないなどと、涼しい顔をしていられない。学者や研究者に限らず、せっかく日本に生まれたのであるから、度胆をぬかないように記紀神話の成り立ちをこの機会に何とか理解してほしい。

私は、井上光貞先生に弟子として認められている。その辺の事情は唯一存命の証人の方もいる。とにかくいえることは先生の期待に結果として、私は今だにさっぱり応えていない。

いかに井上先生は研究者を育てようとしていたことか。私に対しては、記紀神話は伝承されていたことを発表した後であったので存じており、信濃国に住んでいた「先祖がやっかいになった」で始まっている。それは源平争乱の頃のことである。

それはそうとして、記紀神話が造形により伝承されてきたことを、すべてといっていいほどにそれを知らない方に、気付かなかった方に、どう証明するのかということになる。安心してほしいのだが、古代の日本人はそれに関して抜《ぬ》かりがなかった。

津田氏は、上代（古代）人は未開人で非合理だといい、文字のない時代・文化の程度の低い時代・知識の程度が低く考え方が粗笨《そほん》、幼稚な社会などの言葉[7]を繰り返している。それでは上代人に相手にされない。

文字のなかった時代は伝承する技術も冴えわたっていた。造形の神話は今日でも記紀神話のお陰で解読できる。造形の記紀神話（以後、造形神話と表記する）を、文字の記紀神話（以後、文字神話と表記する）に表現しなおしたのだから、それは当然なことなのである。

造形神話の具体的な造形は、大きさも対象物もさまざまで、極めて抽象化した弾力的な表現になっていて、決まった形や内容があったわけではない。今ではそれは考古学の対象になる。古代日本では文献と考古がほとんど一致している範囲がある。考古学が文献の理解に極めて有効なのである。たった一回の事象ならば神話として伝わるのは困難になる。場所も時代も異なり、それに関係するものがいくつも残っている。

造形神話は折り紙の表現を用い、お互いに相似形になる幾何学的表現がかくされている。文字神話は折り紙を開いた状態で引き継がれている。伝承されてきたことを証明するために、幾何学で証明している。

造形神話がいくつも残っているといったが、文字神話の文字量の多さを思い出し、そのような複雑なものがあるわけがないと思うかもしれない。あるいは造形神話の大きさや形がさまざまであっては、そもそもそんなことは成り立つのかと思うかもしれない。

津田氏は「――大八島（日本の古称）国の全体はヤマト奠都《てんと》の前から皇室によって統一せられていることになっている――」とするのは事実としては扱えないとした。これは造形神話の幾何学的な相似形を、日本列島上にできるだけ相応しく大きくなるように拡大して位置付けしたことを理解できなかった結果なのである。

二　たった四点の神話

文字神話を初めて一読して、このような複雑な神話は、さぞかし単純なものを基準にしているにちがいないと思ったことがある。しっかりとした基準がなければ、大勢が編纂に参加して、しかも『記』と『紀』の本文の内容の違い、さらには『紀』の一書としての処理などの決着をつけられたものではないと考えたのである。

その単純な基準の存在を知ると、文字神話はかならずしも天皇家の祖先が伝えたものではないと思っている。現在考えられている天皇家の成立よりもはるかに古くから、多くの地域に造形神話は存在している。そのために天皇家は途中から参加したことになってしまう。

造形神話は文字神話と相似形になる幾何学的配置表現になる前に、造形の内容から文字神話に相当する内容が表現されていると気付く段階がある。これは弥生時代の北部九州の墳丘墓の例になり、吉武高木遺跡や立岩堀田遺跡[8]がある。

古墳時代になると造形神話は文字神話と相似形になる幾何学的表現の例が見受けられるようになる。一古墳の棺内の配置としては、熊本県宇土市松山町向野田の向野田古墳[9]が好例である。この類似例は多い。

さらには古墳群として記紀神話を表現したものとして、埼玉県行田市埼玉の埼玉古墳群[10]が代表になる。奈良県桜井市東田《ひがいだ》の纏向《まきむく》古墳群の東田支群[11]が古墳群の例としては最も古いようである。

弥生時代の墳丘墓や古墳時代の古墳から神話を表現していることに気付くのは、研究の順番とし

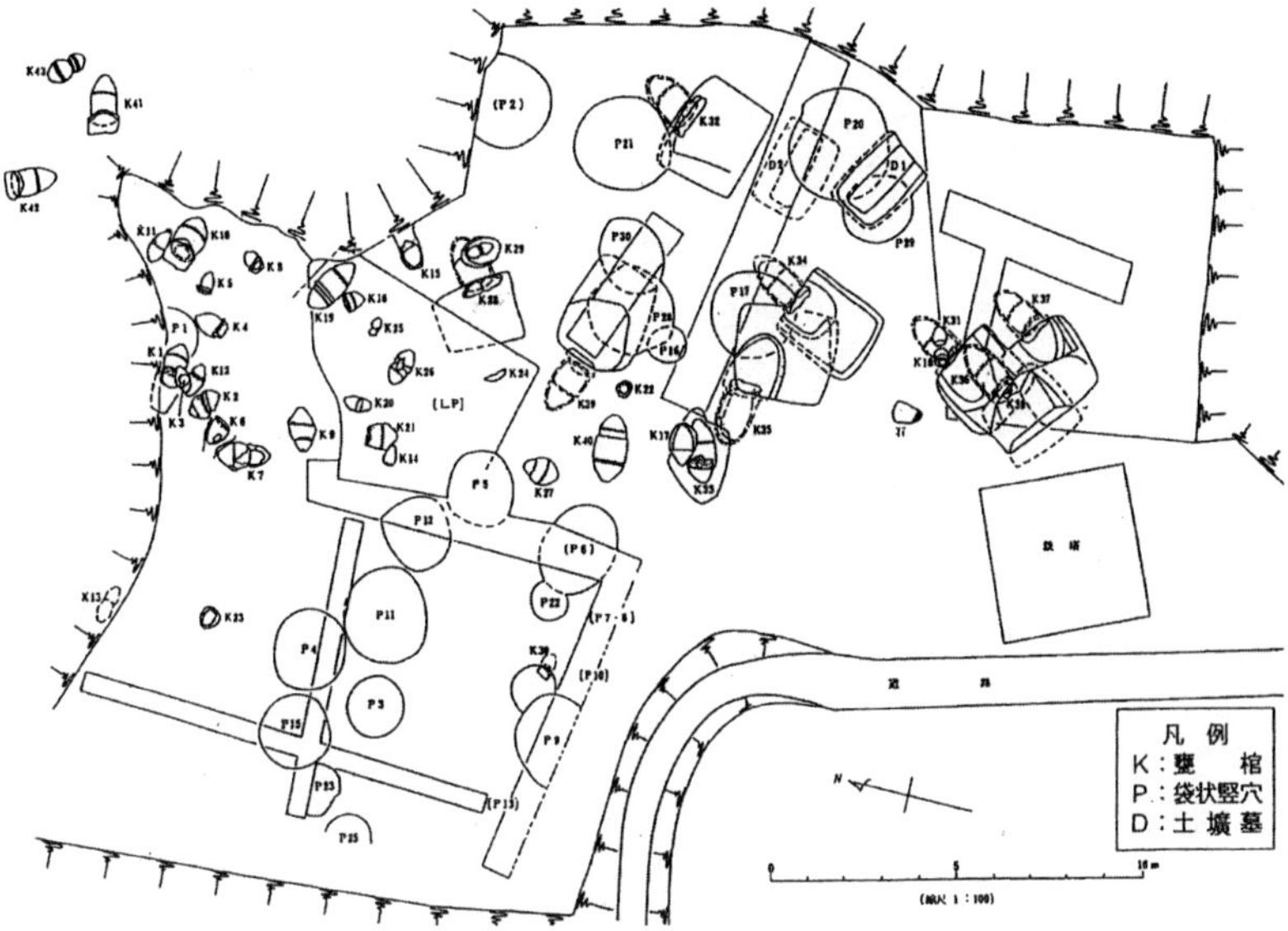

図2の1　立岩堀田遺跡　遺構配置図
福岡県飯塚市立岩遺蹟調査委員会編『立岩遺蹟』（河出書房新社 1977）より引用転載

ては後のことで、まずは文字神話をできるだけ単純に、かつ正確に表現する方法を試みることになる。それは客観的に把握することにより、予断を許さないためである。

　ところで特定のものや地域を最も簡単に表現できるのは点である。その点とは特定のものや地域の代表を表わす点、つまり代表点を探すことになる。

　それに関しては文字神話の出雲と伊勢は比較的やさしい。出雲はオホクニヌシの鎮座しているところである。出雲大社本殿の神座になる。伊勢はアマテラスの祀られているところになる。伊勢神宮の内宮正殿に神体として八《や》咫《たの》鏡《かがみ》を祀っている。

　高天原と筑紫の代表点を決めることは難しい。これは求め方があって、高天原の代表点は天の磐座になるが、ホノニニギが天降りした後に確定する。筑紫の代表点はホノニニギの天降りしたところの日向の高千穂の峰（霧島山連峰の一峰）の高千穂宮になる。どちらも幾何を利用して求めることになる(12)。

この四つの代表点という考えは、それぞれのところに「坐《ま》す神」ということになる。「坐す神」とは「居る」の敬語であって『延喜式』の神名に多くみえる。「地名＋坐す＋神名＋神社」となっている。

どこどこに居られる、何々という神の名の神社ということになる。神は神社という固定された場所に居るという考えである。

ところが、神道史や日本宗教史の定説的な考えは、神は祭りの時季になると天から降りてきて依《よ》代《しろ》・招代《おぎしろ》へやってくる。祭りが終ると、それを通じて帰っていくという考え方であるという(13)。神が降臨するための目じるしが「よりしろ」で、それを神を呼び迎える人間の側から呼んだ名が「おぎしろ」である。

四つの代表点の場合は坐す神に限定される。たとえその固定点から一時的に出かけていっても、そこへもどってきて原則的に居ることになる。神の居場所に異説がある場合はそぐわない。

そうすると高天原の天の磐座に居る神名が問題になる。天の磐座は高天原の代表点のあるところであるから、天の磐座は高天原の代表神の居るところになる。

アマテラスは伊勢に祀られることになるが、この場合には該当しない。磐座は、神の鎮座する堅固な岩の台であり、この場合はかならずしも特定の神にすることは難しい。

あえていえば、アマテラスの長男オシホミミを考えてみる必要はある。アマテラスの命によって葦原中国に降りようとした時、子のホノニニギが生まれたので、乞いてオシホミミに替って天降らせ、自らは高天原に残っている。

　文字神話の代表点を日本列島上に表現すると図2の2になる。造形神話はこの図には記入できない、比べものにならないくらいの小さな神話ということになる。

図2の2　文字神話の代表4点

　よく文字神話の列島上に登場する地名の範囲が問題になるが、かならずしもそれは重要でない。造形神話の拡大作業の結果と、その配置の方向性にすぎない。

　そのために代表四点は列島のはずれ、どちらかというと海の近くになってしまっている。文字神話は天の磐座から南西方向を向いた配置をしている。

　文字神話で最も重要なことは、長い間続いた造形神話から引き継がれた四点の位置の相互関係である。たったの四点であることに心しなければならない。

　文字神話はこれまで多くの人々に読まれてきた。しかしながら、四点を日本列島上に具体的に置いてみようとは考えなかった。とりあえず四点を地図上に記入することなど簡単ではないか。さてさて文字とは不便なものだと思うかもしれない。

これから四点は相互に理解しやすくするために、高天原の代表点をa、出雲の代表点をb、伊勢の代表点をc、筑紫の代表点をeする。高天原全体はAとし、同様に出雲はB、伊勢はC、筑紫（九州全体）をEとする。

Eのない三点だけの配置例は多い。Dはどうしたということになるが、これは天皇の宮都にあてている。天皇(14)は一代で数度遷移することも多いが、神話を考えるうえで極めて重要になる。

さらには出雲は二区分といってもよい状態がある。その場合、Aに近くかつ早く存在したものをB_1、B_1よりAに遠くかつ遅く存在したものをB_2とし、それぞれの代表点をb_1・b_2とする。B_2は単数の場合もあるが、複数の場合が多い。B_2が複数の場合も代表点b_2は存在する。

三　扁平三角形と一直線の神話

さて、造形神話に基づく四点の相似形を途方もなく拡大して、文字神話では実際に日本列島上にほぼ最大のものを置いてみなければならない。そのために文字神話の代表的な四点を定めやすい方法で考えてみよう。

まず四点の相互関係を正確に把握できるには、ただ四点のままにしていないで、図2の4のよう

文字神話		高天原型	出雲型		伊勢型	宮都型	筑紫型
		A	B（B_1・B_2）		C	D	E
		高天原	出雲		伊勢	大和	日向
		a	b_1	b_2	c	d	e
		天の磐座	須賀神社	出雲大社	伊勢神宮の内宮	橿原宮	高千穂宮
			スサノヲ	オホクニヌシ	アマテラス	神武天皇	ホノニニギ
		造形神話など	日本書紀本文	日本書紀一書	古事記		
記紀の文体			α群	β群	漢化和文		
宮都	継体天皇	樟葉宮	磐余玉穂宮		弟国宮	筒城宮	
宮都	持統天皇	吉野宮	阿胡行宮		藤原宮	二槻宮	
造形神話	吉武高木遺跡	2 号木棺		117 号甕棺	110 号甕棺	3 号木棺	
造形神話	立岩堀田遺跡	28 号甕棺		10 号甕棺	34 号甕棺	35 号甕棺	
造形神話	東田支群	勝山古墳	矢塚古墳	東田大塚古墳	石塚古墳		
造形神話	向野田古墳	内行花文鏡	方格規矩鳥文鏡	車輪石	鳥獣鏡	被葬者の頭	被葬者の両足の間

表１　記紀神話関連の要素分類
森博達『日本書紀の謎を解く』（中公新書 1999）によりα群・β群を加筆

にできるだけ簡単に直線で結ぶことである。そして四点の相互関係が維持できれば、大きさも向きもある程度は自由自在に調節しながら定めたようである。

『紀』を読んでいると、頻繁《ひんぱん》に相似形の配置を繰り返し、天皇一代で一度であるが、斉明だけは三度の例外になる。その結果として文字神話の代表点a・b・cに気付くようになる。

歴代天皇は文字神話の点a・b・cをあたかも意識しているかのように、大小や向きこそ違うものの、相似形の配置を繰り返している。そこで今後は対応する相似形のそれぞれも同じく点a・b・cとする。

実際のところ、歴代天皇の宮都の遷移は、もともと造形神話の考えに基づいていることになる。宮都配置順の原則はa・b・cのようであるが、例外も多い。

さらに各a・b・cの三点をお互いに直線で結び、三角形にする。角aは約一二五度、角bは約一〇度、角cは約四五度になる。角aは扁平角、角bは鋭角、角cは中間角というわけある。

じつに独特な扁平三角形になる配置を繰り返している。これにはどのような意味があるのか、日本古代にとって、よほど大

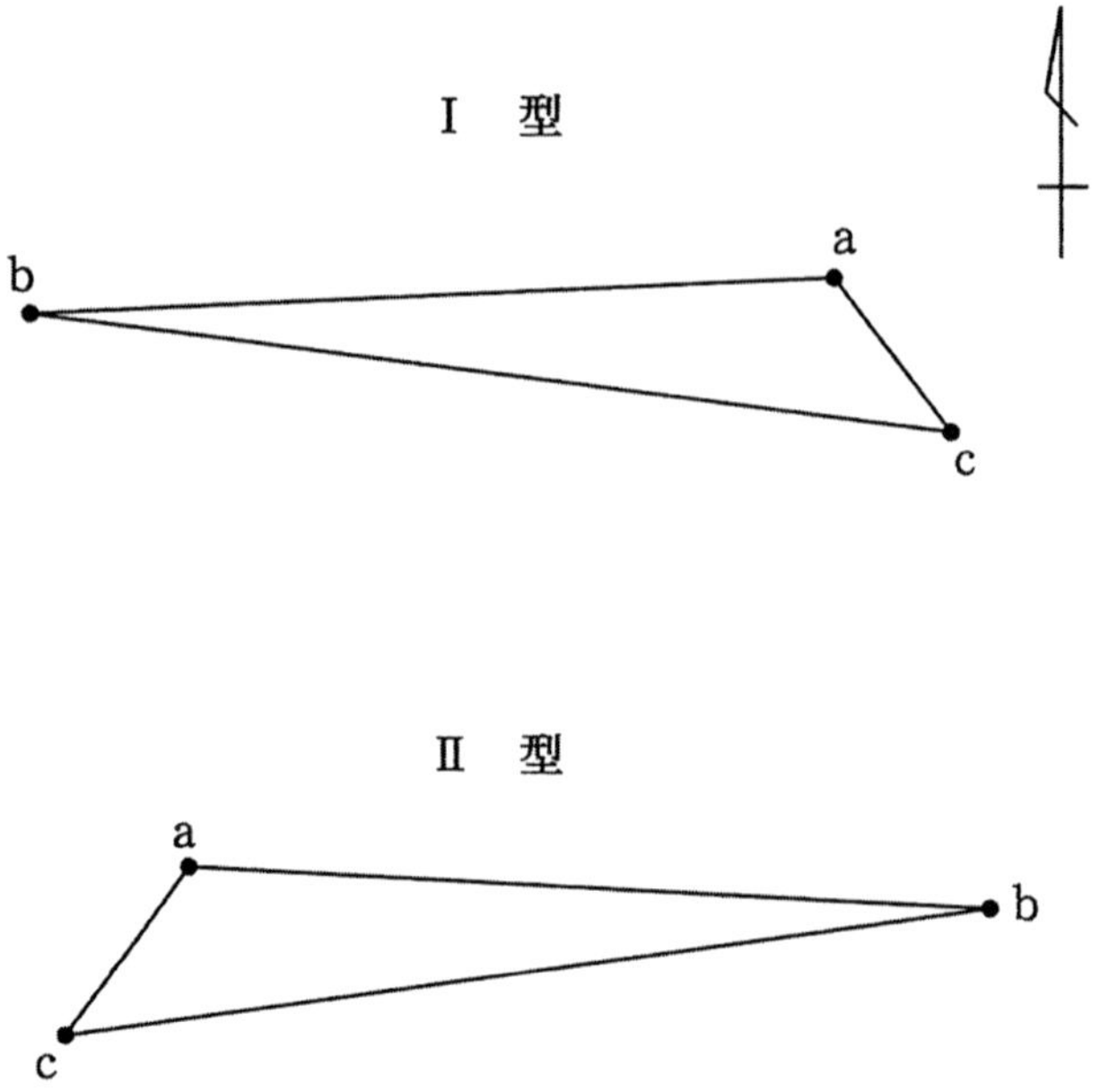

図2の3　扁平三角形の配置

切なことらしい。

図2の3のように文字神話の扁平三角形は、点aを基準にしており、そこから見ると右に遠く点b、左に近く点cとなっている。これは右Bに対して、左Cが上位になる配置で、I型としている。

このI型に対して、左右の配置が逆になっているII型がある。左に遠く点b、右に近く点cとなる。こちらは左Bに対して、右Cが上位になる配置で、II型としている。

文字神話はI型であり、これは当時の宮都の位置に合わせて、ほぼ最大限に表現した場合の地勢よりくる制約であるかのように思えるのだが、はたしてもともとはどうだったのかを考えてみなければならない。

そして伝えられたものはI型とII型であるため、I型を理解するためには、II型を絶えず意識しなければならない。

試みに宮都配置のI型は、推古・斉明・持統天皇などになり、女帝が多い。II型は男帝の継体・欽明・

舒明天皇などとなっている。

　宮都配置は一代で三つある場合は、その代表点を互いに直線で結べば文字通り扁平三角形の形になる。四つ以上の場合は、扁平三角形の配置に適した三点があり、他は点dとする。

図2の4　扁平三角形と一直線（文字神話の基本型）

　だが、古墳の場合には最初から扁平三角形の配置そのものにはならない。古墳の棺内ならば狭いところなので、納まるように扁平三角形の紙をあたかも折って表現したかのような配置になっている。これは被葬者の身長をほぼ直線の降臨経路に例えているようであって、開いた形にすると扁平三角形の大きさが相応しくなっている。

　古墳群で扁平三角形の配置を表現する場合も、同様に扁平三角形の紙を折った表現になっている。これはもともと一墳墓での表現を、古墳群に拡大したからであろうか。

　奈良県桜井市辻・東《ひがい》田《だ》を中心に広がる古墳時代前期初頭を中心とする纒向《まきむく》古墳群がある。そのうちの東田支群は勝山古墳A・矢塚古墳

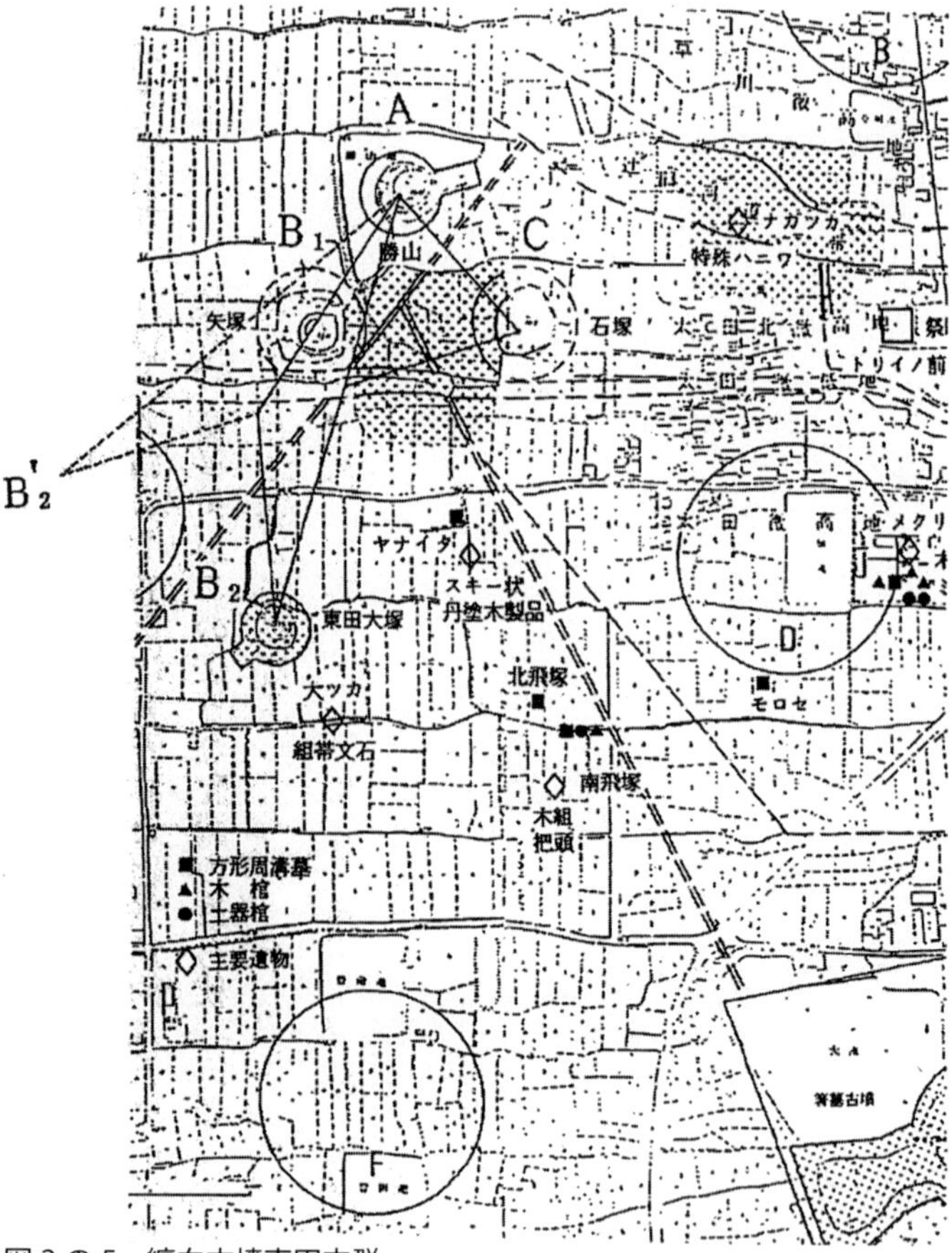

図2の5　纏向古墳東田支群
奈良県立橿原考古学研究所附属博物館『纏向遺跡の研究』（橿原考古学協会 1999）に加筆

B_1・東田大塚古墳B_2・石塚古墳Cとなっている。

すべて前方後円墳であり、各古墳の代表点は後円部の中心になる。扁平三角形の長い側辺側の扁平角を内側に折り畳んだ形になっており、図2の5のように折り畳んだ部分を開いて、三角形ab'_2cのようにすればわかりやすい。

折り畳んだ状態は直線acを一辺とする正三角形ができている。この扁平角を折り畳んだ型は折り畳み式と呼ぶことにしている。この型には図2の6の向野田古墳の棺内の配置も含まれる。

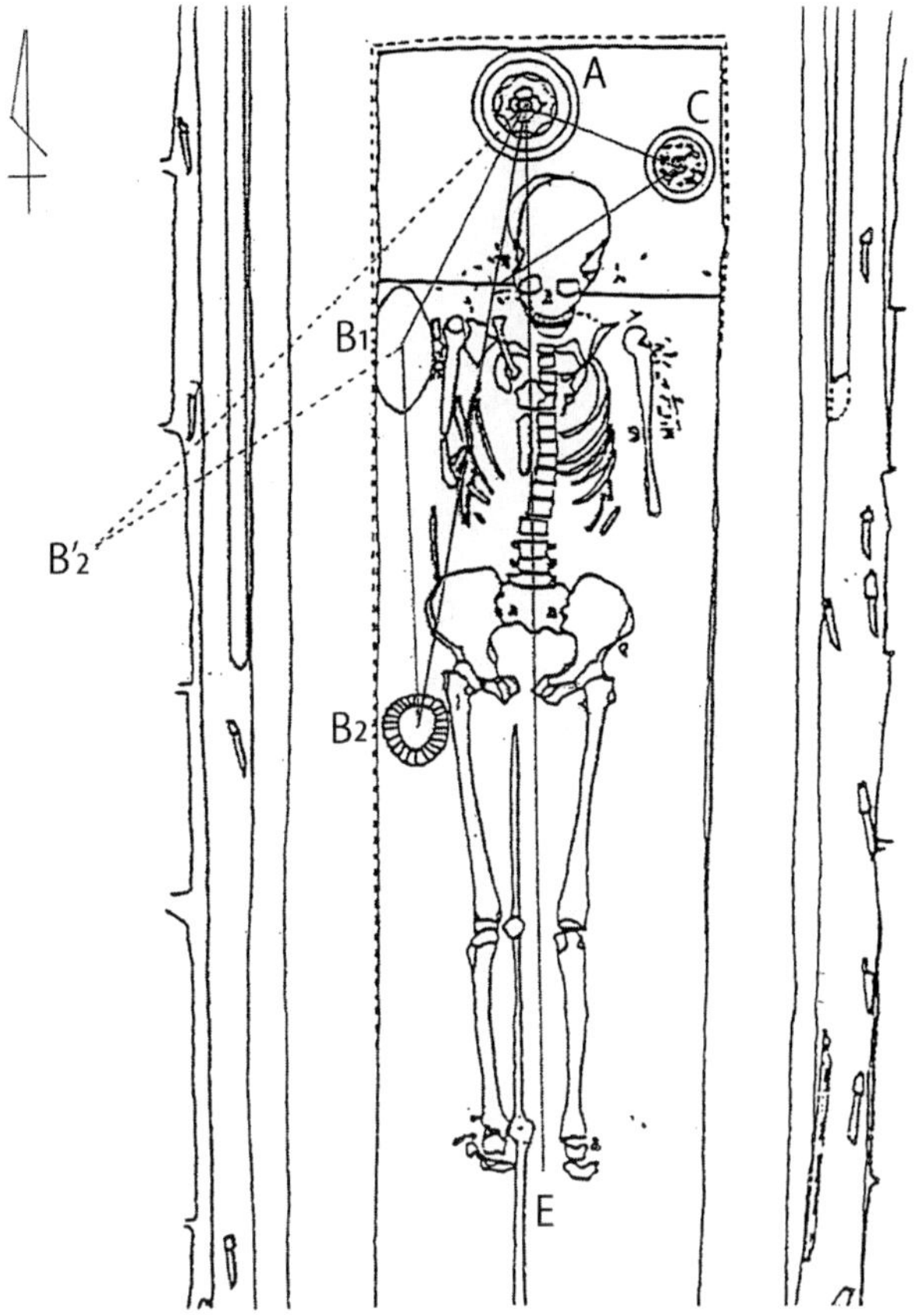

図２の６　向野田古墳の天孫降臨図
富樫卯三郎『向野田古墳 宇土市埋蔵文化財調査報告書 第２集』（熊本県宇土市教育委員会 1978）第13図（上段）棺内・棺外遺物配置状態に引用加筆

折り畳み式に対して、扁平三角形の側辺を途中から内側に折り曲げた型があり、屈折式と呼ぶことにする。(15) 埼玉古墳群が代表例になる。

図２の７のように、稲荷山古墳はA、丸墓山古墳はB_1、愛宕山古墳と瓦塚古墳を合わせてB_2、将軍山古墳はC、奥の山古墳はEとなり、宮都型あるいは地上支配型に相当するDはない。愛宕山古墳と瓦塚古墳の代表点b_2は、瓦塚古墳の後円部の中心点になる。

埼玉古墳群と東田支群は、どちらも扁平三角形にもどすには、B_1の円を二等分する直線を必要としている。埼玉古墳群の折れ曲った部分を広げると、扁平三角形ａb'_2ｃになる。埼玉古墳群の直

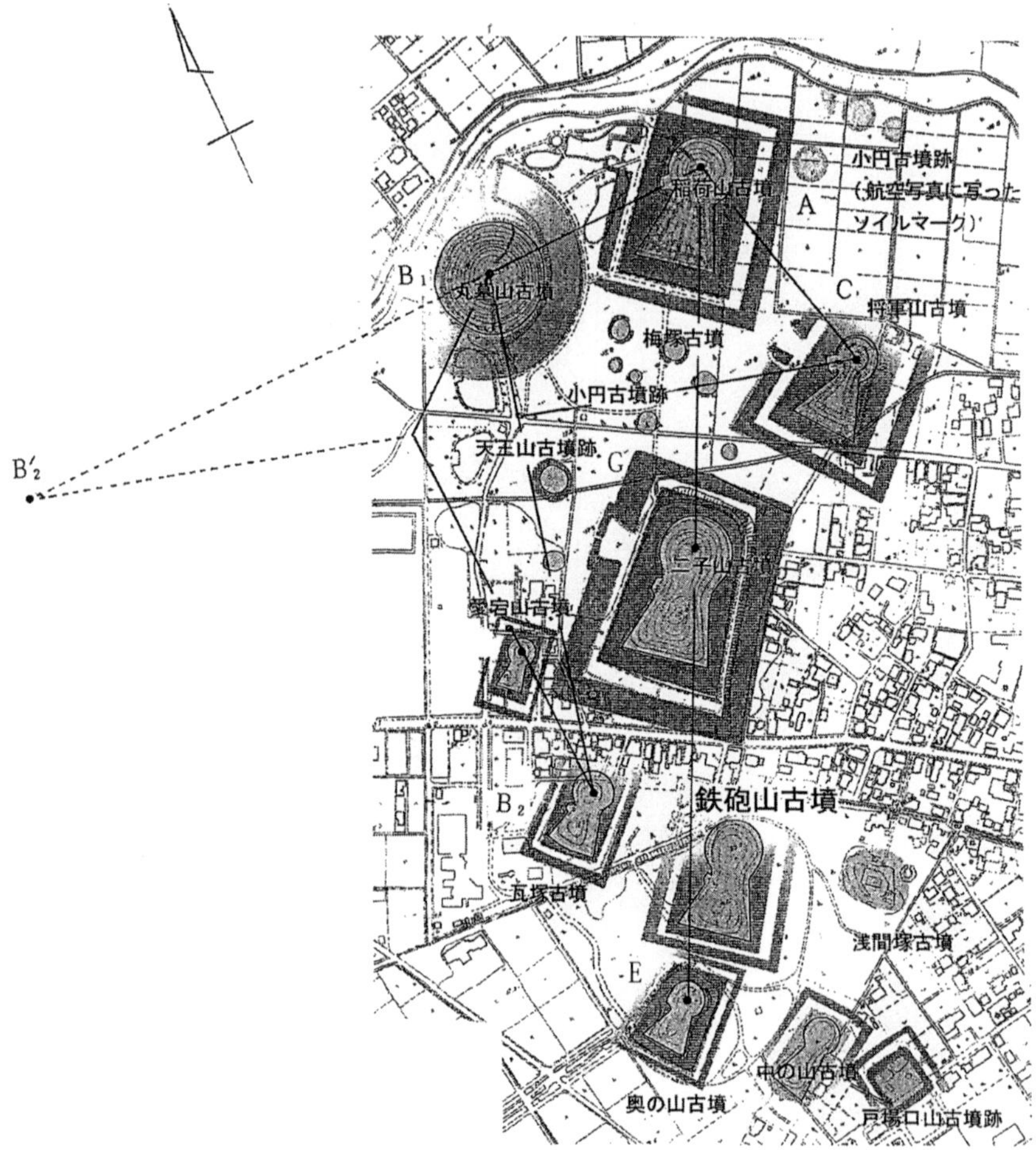

図２の７　埼玉古墳群
埼玉県立さきたま史跡の博物館「鉄砲山古墳発掘現地説明会（2010.9.25）資料」に引用加筆

線ａb_1と直線ａｃの長さは等しい。

これらの古墳群を造る前には正確な設計図が当然に必要ということになる。高度の測量技術と遊び心が背後に存在している。

私は紙を扁平三角形に切り取り、実際に折ってみて折り方を解くことにしている。おそら

高天原型 A	出雲型 B（B_1・B_2）	伊勢型 C	宮都型（地上支配型） D
特定範囲の天	地・生活	AとBの中間的	CよりAに類似
別天地・異次元	大きい・目立つ	小さい・目立たない	正統・正しい
基準・視点	不安定・高い	安定的・低い	網羅的
高い・広い・大きい	古い	伝統的・新しい	新しい
根源的・原初的	複雑・わりにくい	単純・わかりやすい	若い・小さい
最も早い	異質・例外的	一般的	明るい
総合的	不完全・不完璧	完全・完璧	大きい（大きさに変化）
完璧	不統一・未整理・いびつ	統一・整理	
不変	劣る	優る	
中央	端	端に近い	
後方	例外的・珍しい	普遍	
円・曲線	四角・直線	円・曲線	
	荒々しい・うるさい	静か	
	特徴がある	特徴がない	
	誤りがある	正しい	
	暗い	明るい	
	多い	少ない	

表２　記紀神話関連の特徴と分類

く、設計図の段階では私と同じことをしていたのであろう。

古墳内の副葬品の配置からは、さらに複雑の折り方のあることがわかる。扁平三角形の長い側辺側を内側へ、まず折る。さらにその鋭角の部分の先端を内側へ折っている。

扁平角に近いほうから長い側辺を二度折ると、それに合わせ短い側辺も一度内側へ折るという決まりがあるようである。豪華な副葬品の副葬には、そうすることが必要だったらしい。

普通、折り紙といえば、方形の紙を用い、方形から折り始める。この場合は初めから扁平三角形の紙を用いて折り始めることになる。

折り紙自体が幾何である。向野田古墳のように小さな造形神話を表現する場合にも、幾何に基づく正確な測量が必要なのである。

四　造形の神話

津田氏は、「『記紀』の神代や上代の部のような、歴史であるか何であるかすら不明な、厳密な批判を加えてみなければその記載を歴史として取り扱うことのできない文献は、そのままでは考古学の材料にはならぬ」といっている。

『記紀』の神代とは、『記』の上巻と『紀』の巻第一・巻第二の神代巻を指している。すでに述べたように、造形神話によって文字神話はその基本構造が極めて正確に伝えられている。

さらに津田氏は「したがって『記紀』の記載が厳正なる批判によって歴史的事実たることの承認せられた上でなくては、『記紀』のほかに参考にすべき文献がないような事実を取り扱う考古学の研究は、もっぱら遺跡や遺物そのものによらなければなるまい」と続いている。

だが、造形神話によって、文字神話が伝えられてきたことは、歴史的な事実として多くの遺跡からよくわかる。遺跡や遺物を参考にして文学神話などの探究さえ可能なのである。

とりわけ造形神話では埼玉古墳群が秀でている。文字神話の理解は、埼玉古墳群の解読した内容いかんにかかっているといっても過言ではない。

私は津田氏に問いたいことは、文字神話を批判するより前に、なぜできるだけ文字神話に従うことを試みなかったのかということである。当時は確かに遺跡や遺物は、今よりはるかに発掘されていなかった。私が造形神話の例としてあげた東田支群・向野田古墳・埼玉古墳群などの学術的な発掘は戦後のことである。

これらの古墳群の外観から、築造当時には造形神話として解読できるように計画されたものであった。年月がたつにつれて、まったくそれが不可能になっていたことはいうまでもない。津田氏の時代に可能なことは、文字神話を幾何学的表現で最も単純化することであった。文字神話の扁平三角形の配置までは、宮都配置を参考にできた。そうはいっても遺跡から相似形の配置を見付けて確かめることは困難であったから、その価値はあまり認められなかったかもしれない。

今では遺跡や遺物から造形神話を確認できる。造形神話からは文字神話がどのように表現されているかがよくわかる。

遺跡や遺物から造形神話を見付ける方法は、まず相互の位置関係を確めることである。さらにそれぞれの部署が互いに似ているか似ていないか、完璧か不完璧か、複雑か単純か、大きいか小さいかなどの見分け方が存在する。

埼玉古墳群でいえば、基準になっているのは高天原に相当する稲荷山古墳、まず気付くのは出雲に相当するのは異質な丸墓山古墳である。丸墓山古墳は日本一相当の巨大な円墳で、他の大古墳は二重堀になっているのに唯一半分もない一重堀しかなく、しかも古墳群で唯一の葺石が敷いてある。

津田氏は、文字のないような幼稚な社会では、「自分らの事業を後世に伝えようとか、祖先の事跡を忘れずに記憶しようとかいう意図は、社会の組織が強固になり文化の程度も進んだ時代において、はじめて生ずるものである」としている。

造形神話のわかっている一番古い時代は、北部九州の弥生時代中期初頭の吉武高木遺跡の墳丘墓であったので、文字がなかったかもしれない。だが後世に伝えようとする意図は、墳丘墓の状況の相違から強かったと考えるべきであろう。

　文字の時代になっても造形神話は造られており、その誤解読をさけるための手段が講じられていることが明らかになっている。それは造形神話の存在がよく知れわたっていたことの証拠であり、実際に解読されていたことになる。その現場に行ってみてほしい。

　平成二十四〜二十六年の埼玉県立さきたま史跡の博物館の調査で、埼玉古墳群の鉄砲山古墳の西側の外堀の外に堀と思われる遺構がみつかっている。正確な形状やもうけられた意味などの解明は今後の検討課題とされている。

　容易に察しのつくことは、三重目の堀は一部分だけであろう。他の前方後円墳は二重堀であることから、異質さ、不完璧さ、複雑さを強調したものである。鉄砲山古墳が高千穂の峰やホノニニギに相当するのではなく、奥の山古墳であることを間違うなという、注意を喚起させる意図をもっている。

　神話が知れわたっていた例として、文字神話にも注目しなければならない。作家の池沢夏樹氏が三浦佑之氏との対談で、『記』は「ぼくの印象では、〈神話・伝説〉の類はずいぶん速い文体なんです。」[16]といっている。

　散文部分は、まったく筋を叙述するだけで『記』は展開している。それはとりわけ神話についていえることで、よく内容が当時知れわたっていたので、それでよかったようである。それだけに現在は付け足して説明することが要求される。

　造形神話のうちで東田支群と埼玉古墳群の個々の古墳そのものは、古墳という形をかりて、神話を表現する目的をもって造られたものである。向野田古墳の場合、東田支群と埼玉古墳群の個々の古墳に対応するものは、鏡と車輪石と人体となっている。

この鏡三面と車輪石一個と一体は、造形神話を表現するためにわざわざ直接に造られたものではない。それは鏡でいえば舶載にせよ、仿製にせよ、相応しい内容のものが選ばれたことになる。それと同様というより、それに慣れたために文字神話の表現は、海外からの文献のうち相応しいものを好んで採用したようである。既存のものを選択することにより、直接意図していたそのものではなく、婉曲で余裕をもった表現を好んだといえよう。

「魏志倭人伝」[17]に、汝の好物として銅鏡百枚が卑弥呼に送られたことがみえる。単なる副葬品として銅鏡は用いられたというより、神話表現を目的としていたことが考えられる。

向野田古墳の銅鏡の配置順は、対応する文字神話の順序と同じと考えたいのだが、それを確める方法はない。しかしながら埼玉古墳群では各古墳の試掘の土器片から、その築造順を確めることができる。

埼玉古墳群と見かけは同じものを造るとしたら、端から順番に造ればよいのだが、後々の文字神話の筋書きと同じになっている。稲荷山古墳Aは五世紀末葉、丸墓山古墳B_1は六世紀初頭、愛宕山古墳と瓦塚古墳B_2は六世紀前半、奥の山古墳Eは六世紀前半、将軍山古墳Cは六世紀末かとなる。

稲荷山古墳は後円部に礫槨と粘土槨が見付かっているが、レーダー探査により後円部の中心に未知の主体部（埋葬施設）が発見されている。そこに稲荷山古墳の代表点があるわけである。

その代表点aは埼玉古墳群全体の代表点・基準になる。そこに相応しい人物が埋葬されていることが考えられる。その人物が存在したことにより、五世紀末葉の稲荷山古墳の築造に始まり、七世紀前半の戸《と》場《ば》口山《くちやま》古墳の築造で終わる古墳群の築造計画が立てられたことになる。

五　文字の神話

津田氏は、『記』と『紀』の「二書は本来異なった目的の下《もと》に編纂せられた、性質の違ったものである」といっている。私は、「二書は同じ目的の下に編纂せられた、それぞれの役割をもったものである」とすべきと考えている。

この説明をするのには、造形神話と文字神話とを比べてみるのがよい。文字神話はもちろんのこと、『記紀』全体の編纂も、造形神話の考えに基づいている。このことは便法として文字神話を理解することによって、『記紀』全体が理解できると言い換えてもよい。

平安時代、貴族たちはしばしば『紀』を講読する勉強会を行った。そこでは神話の部分が重視され、その読解を中心に講義が進められた。

吉田一彦氏(18)は「今日から見ると、どうしてそのようなところばかりこだわったのか理解しがたい」という。そして、「『紀』の編纂者や同時代人たちにとって、まず重要なのが神話の部分であった」としている。さらに、「そのため後世の貴族たちにとっても、自分たちの政治的権力や経済的権益のルーツが記された部分として、神話の「正しい」読解に力がそそがれたのである」と付け加えている。

この権力や権益を理由としたとしても、実は微々たるもので、真っ先に採り上げることではない。『紀』の神話の役割は『記紀』全体の理解に及ぶために、重視せざるをえないのである。

さらにいえば『紀』の勉強会に『記』をかならず添えるべきだった。添えることによって理解度が深まることは計り知れない。

そのような徹底さのないことは『紀』の編纂に始まっている。『紀』の神話は十一段にわかれるが、各段にはかならず「一書」が添えられている。その数の多い場合は十一にもなる。

津田氏は「一書」を異説の注記とした。「神代紀の注の多くの「一書」の中には、ほぼ『記』と同じものがあるので、それと『記』との関係が問題になるのである。この二つはよく似ているが、どの場合でもそれにいくらかずつの差異はあって、まったく同じではない」という。

「注の多くの「一書」の中には」とは、かならず各段の注の中には、ほぼ『記』の神話と同じものがあるのではなく、段によってはない。「本文」のほうが『記』の神話に近いものが多くはないが、存在していることをいっているのであろう。

その結果、こと難しくなって、『紀』の本文と一書、さらには『記』の関係が論じがたいものになってしまっている。互いに相対的な関係であろうとしたことはわかる。

吉田氏は、『紀』は「何をどう書くかについてなかなか意見がまとまらず時間がかかってしまったものと思われる」とし、「特に、巻一、巻二の神話の記述をめぐっては異論が多く、本文を確定する作業は難航したようで、異論も数多く併記されることになった」とする。

そのように実際に『紀』の編纂勢力が拮抗して対立したのであろうか。しかも一書とはいえ異論という形ではあるが尊重されて採用されたのであろうか。

このような場合、『紀』だけではわからないことも、『記』と一緒に考えてみるとわかりやすくなる。『記紀』はともに日本の誕生から書かれており、冒頭は神々が神秘的なドラマを展開する。やがて神の子孫である人間が登場し、次第に神話から歴史へと移行する。

『記紀』が編纂された背景には、七~八世紀における日本国の成立という歴史的事実がある。ともに時の権力者、天武天皇の命によって編纂が開始されたと考えられているが、『記紀』は重複や似通った箇所が非常に多い。造形や幾何・測量などからの神話をみなれると、『記紀』をも同じように見てしまう。『記紀』の全体や神話の外観、文字の表記方法、その内容などの特徴に共通性がある。

一見すると特に『紀』の神話の性質はわかりやすく、全体として出雲型Bといえる。本文B1と一書B2の二区分になっている。神名でいえばスサノヲはB1、亦名《またのな》の多いオホクニヌシはB2になる。

向野田古墳では本文に相当するのは方格規矩鳥文鏡、一書は車輪石にあたる。一書が複数ある例としては埼玉古墳群があり、本文は丸墓山古墳、一書は愛宕山古墳と瓦塚古墳とで対応することになる。『記』の神話は、埼玉古墳群では将軍山古墳Cに相当する。将軍山古墳Cは稲荷山古墳Aによく似ている。埼玉古墳群内でほかに後円部に造出しがあるのは、現在は造出しが消滅しかかっている奥の山古墳Eだけである。

文字神話では、埼玉古墳群の稲荷山古墳Aに相当するものは何であろうか。これは求めようとするAを基準にして、『紀』の神話の本文と一書、さらに『記』の神話が生じたことを意味している。この要件を満たす神話は、文字神話より前に存在しており、その神話の内容が文字神話と類似していなければならない。それはすでに存在した造形神話やそれに関する口承の部分が該当する。

『記紀』は重複や似通った内容の箇所の多いということは、変らずに伝えられてきたことを意味している。もとは同じものが伝えられてきたことを示すものとして大切である。

だが、もとが同じであったはずだとされる神話も同じようには伝わらない部分はある。編纂時には違いが生じて複数存在するようになってしまったというわけである。

文字神話の中では、『記』の神話Cが最も正しく伝えられており、次には『紀』の一書の神話B_2、『紀』の本文の神話B_1となる。『紀』本文の神話は最も誤って伝えられていると処理されていることになる。

六　文字神話はⅠ型

古代天皇の宮都配置をみると、その配置方法にはⅠ型とⅡ型のあることは述べた。文字神話はⅠ型を記述している。つまりⅠ型の神話ということになる。

この文字神話のⅠ型をどのように考えるべきかは、かなりの難問である。Ⅰ型にするのか、Ⅱ型にするのかによって神話の内容が異なってしまう。

文字神話は大和の宮都の位置をDに相応しくするために、それに対応する地勢がⅠ型にたまたま合致しているとしたのか。Ⅰ型に合致する地勢に気付いて、たまたま大和に宮都を置いたのか。どちらを先にしたらよいのであろうか（図2の3参照）。

そのようなことを考える前に、帝につく優先する性別はどちらかを考えるべきことかもしれない。

Ⅰ型とⅡ型は常時か非常時かによって、男帝にすべきか、女帝にすべきかが決定する。

表3のように、常時の場合は男帝だったらⅠ型、女帝だったらⅡ型になる。非常時の場合は女帝

情勢＼型	Ⅰ	Ⅱ
常時	男帝	女帝
非常時	女帝	男帝

表３　性別・情勢による宮都配置

だったらⅠ型、男帝だったらⅡ型になる。

『紀』の宮都配置をみると、驚くほど非常時が続いている。つまり女帝のⅠ型、男帝のⅡ型である。

それも男帝のⅡ型の後に、女帝のⅠ型が続く。どうやら男帝では非常時は駄目だったらしいのである。

男帝のⅡ型は継体に始まり、欽明・舒明と続く。継体と欽明の間には男帝の安閑と宣化、欽明と舒明の間には男帝の敏達・用明・崇峻となるが、いずれも遷移回数が少なくて型が完成しない。

女帝のⅠ型は推古・皇極・斉明・持統と続く。推古と皇極の間は男帝の舒明になる。皇極と重《ちょう》祚《そ》(19)した斉明の間は男帝の孝徳になる。この天皇はこれまでの宮都遷移の方法を、全く無視しせざるをえなかったようである。

斉明と持統の間は天智・天武と続く。天智の宮都は文字神話の基本型のⅠ型の中にDとして参加している。天武の和風諡号は「天に渟まった」とあるように、原則的なそれまでの宮都配置に従えなかったのである。

女帝には原則的な常時の型、すなわちⅡ型の例がない。このことは常時に女帝は向かず、非常時に向いており、非常時に即位することになる。その説明として神功皇后紀は存在するようである。戦いに不向きな夫の仲哀の死去の後、九州の熊襲を帰服、さらに海を渡り新羅王を降伏させ、百済・高麗を帰順させたなどとしている。

『紀』に述べられている扁平三角形になる宮都配置は、文武以後その慣行をやめてしまう。藤原京に始まる宮城一つで複数の天皇が位につくようになる。その時の情勢による宮都配置と天皇の性別による即位の関係は終わりをつげる。

その結果、持統の後は男帝の文武、女帝の元明・元正となる。元正から女帝・男帝と光仁まで三度繰り返すことになる。

性別からみた天皇の即位回数はまったくの互角になってしまう。文字神話で想定された高天原の位置や存在を考慮しなくなってしまったのである。

ところで宮都配置には、扁平三角形の配置完成までの途中をどう考えるのかという問題が生じる。その間の情勢の変化にどう対応したのであろうか。

宮都配置が決まった場合は致《いた》し方ないとしても、問題は三度未満の場合である。例えば崇峻の宮都は、たった一つ倉埼柴垣宮《くらはしのしばかきのみや》だけである。在位一年三月で早々暗殺されてしまった。

崇峻の時代は、任那復興の詔《みことのり》を発したり、筑紫に二万余の軍を送ったりするなど対外的に緊張した状態が続いている。非常時で男帝であるからⅡ型の宮都配置が予定されていたことであろう。ところが倉椅柴垣宮がA・B・Cのうちの何になるのか、皆目わからない。崇峻に限らず宮都配置の途中の対処方法を一般化しなければ日本古代史の多くは理解できない。

常時か非常時かの変化により、実際はどの程度に対処すべきか、無視できるのか。すでに男帝か女帝かが決まっていれば、予定していた扁平三角形の配置場所をどの程度あわただしく調節したものであろうか。

崇峻の例は一つであるからまだしも、最悪の場合は宮都を二つまで配置した後に変更せざるをえない場合である。無駄にしたくなければ扁平三角形の予定していた辺ではなく、別の二辺のどちらかにする場合も考えられる。

そのように換えるためには、三角形の各位置は造形神話でみてきたように、それぞれが特徴があると考えられるので、その内容まで応急措置をするのか、したとしてどの程度なのか。

それとも男帝だったら女帝に、女帝だったら男帝に替えることも考えられる。実際にそのような例と思えるものが『記紀』以外にもある。

二・三世紀の日本列島内にあった小国の一つの邪馬台国を「魏志倭人伝」は伝えている。この国はもともと男王であったが、二世紀後半に倭国が乱れて戦いが続いたので、共立により卑弥呼《ひみこ》が女王になった。

卑弥呼の死の直前、従来より不和であった狗奴国と戦っている。卑弥呼の死後に男王が立てられたが、国中が戦乱になった。そこで卑弥呼の宗女で十三歳になる壱与《いちよ》（台与《とよ》とも）を王にした。

壱与の後の邪馬台国は、『梁書』『北史』によると男王が立っている。梁は武帝が五〇二年に建国し五五七年までの五代、南朝の一つ建康（南京）に都した。『北史』は北朝（魏・斉・周・隋）の二百三十三年間の歴史を記述したものである。

女王を立てるのは非常時の対応であることがよくわかる。残念ながら、具体的に何によってⅠ型あるいはⅡ型を表現していたのかまではわからない。

造形神話は扁平三角形の配置が完成か、後に述べる仮完成の状態になっているので、文字神話も神代巻だけでなく、完成するまでを神話と考えたい。完成途中の状況がわかりやすいのは文字神話である。『紀』の本文の神話、一書の神話、『記』の神話のうちで、逐次状況の変化が分かりやすいのは、『記』の神話だけだといってよい。そのため神話以外の『記紀』を理解するのにも、『記』の神話が重要にならざるをえないのである。

それを確めるには文字神話の扁平三角形の配置が完成するまでを注意深く追究していくしかない。すなわち、図2の4のように初めに高天原Aが存在し、次にスサノヲが須賀神社B_1を建てるまで、さらにオホクニヌシを祀る出雲大社B_2の位置が定まるまで、そして伊勢神宮の内宮Cの位置がサルタヒコにより仮に定まるまで、最後にアマテラスが伊勢神宮の内宮Cに祀られるまでに気をつけなければならない。

それに対して、高天原の統治をイザナギに委任されて高天原に着任したアマテラスの状況変化は、どのようになるのか。その変化を気付かせる方法を『記』ではいくつか採っている。

『記』の神話ではアマテラスを主に天照大御神としているが、天照大神もある。なお、神武記には日神もみえる。『紀』ではアマテラスの異なる表記方法を最初に並べている。

同じく皇祖神としてのタカミムスヒを考えてみなければならない。『記』の神話ではタカミムスヒの表記は高御産単日神と高木神がある。初めは高御産単日神と表記しているが、高木神は高御産単日神の別名であることをことわると、以後は高木神の表記になってしまう。なお、神武記には高木大神もみえる。『紀』では高皇産霊尊だけといってよいが、一度だけ「尊」のない例がある。

『記』にはアマテラスとタカミムスヒを続けて表記する場合が多い。「高御産巣日神・天照大御神」

が二回、「天照大御神・高御産日神」が一回、「天照大御神・高木神」が四回になる。なお、神武記には「天照大神・高木神」が一回ある。

この二神併記については、高天原の主神アマテラスとタカミムスヒが神々に命令をする場面にみられる。二神の名前の順番は、初めの二例はタカミムスヒが先、後の六例はすべてアマテラスが先になっている。

二神併記の途中に一神の場合もある。それはそれで意味があるのであろうから、気を付けなければならない。

溝口睦子氏は、「二神はまるで一人格であるかのように、同時に口を開いて、同じ命令の言葉を発している」のは、不自然だとしている。二神をともに主神として並べる方法は、皇祖神の歴史的な変遷を物語り、長く主神であったタカミムスヒを、いきなり排除するのが躊躇されたためにとられた方法[20]だというのである。

これは女王卑弥呼には男弟があり、佐《たす》けられて国を治めていた状況に共通するものではないか。どうやら情勢の変化に対処するために扁平三角形の未定の配置を完成に向けて、女性と男性の支配者が同時に必要であったようである。

卑弥呼は、倭国が乱れ互いに攻撃し合うようになって、何年か過ぎた後に王に就任している。いかに倭国を静めるのかを任務とした存在であり、そのための評価もされていた。

七　評価されるアマテラス

倭国女王の卑弥呼と似た境遇が、高天原におけるアマテラスのように思える。高天原におけるアマテラスの時々刻々と変わる状況を『記』に従って追ってみたい。

アマテラスは、イザナキから高天原の統治を命じられ、高天原に着任している。そこへ別のところに赴任するために、別れの挨拶に弟のスサノヲがやって来る。アマテラスに高天原を奪いに来たと疑われたスサノヲは、身の潔白を証明するために子の生み比べをする「宇気比《うけひ》」(21)を提案し、結果は勝利してしまう。

勝ち誇ったスサノヲは高天原で、やりたい放題の乱暴をしでかす。スサノヲの暴虐に恐れをなして、アマテラスは天の岩屋にこもってしまう。アマテラスは八百《やお》万《よろず》の神々の助けによって、岩屋から出てくる有様である。

スサノヲは八百万の神に断罪され、高天原から追放され出雲に須賀神社B_1を作る。

〈アマテラスだけで高天原の統治は無理だったのである。〉以後、〈〉内は補足説明とする。

ところが、その後もアマテラスは、「葦原中国は宇気比で生まれた子のオシホミミの統治する国だ」といって、委任して天から降《くだ》らせる。すると、オシホミミは天の浮き橋に立って、「葦原中国はたいそう騒しい状態だ」といって、再び天に帰り上って、アマテラスに帰ることを請うた。

そこで唐突にも最初の併記「高御産巣日神・天照大御神」が登場する。

〈アマテラスは葦原中国を調べもせず、オシホミミに統治させようと判断したことが、アマテラスだけでは任されないとする減点対象になったようである。タカミムスヒが上で、アマテラスが下になっている。〉

二神は八百万の神にことの次第を伝え、「葦原中国を従属させるためには、どの神を派遣したらよいか」と聞いた。タカミムスヒの子オモヒカネと八百万の神は相談して、宇気比で生まれたアマテラスの子「アメノホヒを遣わすべきだ」といった。そこでアメノホヒを遣わしたところ、すぐにオホクニヌシに媚《こ》びて、三年になっても復命しなかった。

〈ここでタカミムスヒとアマテラスは、それぞれの子の失敗により同じく減点ということになる。そのため二神の順序も表記も「高御産巣日神・天照大御神」のままである。〉

二神は諸々の神に「アメノホヒが復命しない。また、どの神を遣わすのがよいか」と尋ねた。オモヒカネは「アメノワカヒコを遣わすべきだ」といった。

それでアメノワカヒコに弓・矢を授け葦原中国に遣わした。アメノワカヒコはその国へ降り着いて、たちまちオホクニヌシの娘を妻とし、またその国を手に入れようともくろんで八年になるまで復命しなかった。

〈タカミムスヒの子オモヒカネの推薦したアメノワカヒコは駄目だったので、タカミムスヒは減点になる。その結果としてアマテラスと逆転した記載順になる。〉

「天照大御神・高御産巣日神」は諸神に「アメノワカヒコは長い間復命してこない。またどの神を遣わして、アメノワカヒコが葦原中国にとどまっているわけを問いただそうか」と尋ねた。これに対して諸神とオモヒカネとが答えて「雉《きじ》の、名は鳴女《なきめ》という者を遣わすのがよい」といった。

そこで二神は、鳴女に「葦原中国へ行って、アメノワカヒコに、『お前を葦原中国へ遣わしたわけは、その国の荒ぶる神々を説得して帰順させるためである。いったいどうして八年になるまで復命しないのか』と問いただせ」といった。

それで鳴女は天より降りアメノワカヒコの住みかの入口の桂の木にとまり、天神からいわれたとおりに伝えると、それを聞いた天佐具売《あめのさぐめ》がアメノワカヒコに、鳥の鳴き声が悪すぎるので射殺するように進言した。天神から授けられた弓矢で、アメノワカヒコはその雉を射殺してしまった。

その矢は雉の胸を貫通して逆さまに天に射上げられ、天の安河の河原にいる「天照大御神・高木神《たかぎのかみ》」のもとまで届いた。この高木神は高御産巣日神の別名である。

〈またしてもタカミムスヒの子オモヒカネの推薦が失敗に終り、タカミムスヒは減点となる。タカミムスヒは高御産巣日神の神名を以後維持できなくなり、格下の高木神とされてしまったのである。〉

それでタカミムスヒがその矢を取って見たところ、血がその矢の羽に付いていた。そこでタカミムスヒは、「この矢は、アメノワカヒコに授けた矢だ」といって、すぐに諸神に示していうには、「もしもアメノワカヒコが、命令に背かず、悪い神を射ようとした矢がここに届いたのであれば、アメノワカヒコに当るな。もしも邪心があるならば、アメノワカヒコはこの矢によって災いを受けよ」

といって、その矢を取り、その矢の開《あけ》た穴から突き返して下《くだ》したところ、アメノワカヒコは胸に当って死んでしまった。

さて、アメノワカヒコの妻の哭き声が天まで届いたのを初めとして、騒がしいことが次々と続いた。

〈タカミムスヒはアマテラスと一緒に葦原中国を静めさせようと神々を遣わしているのに、結果として自らがなおさら騒がしくしてしまった。タカミムスヒの減点となる。〉

そこで「天照大御神」は、〈一神だけで、〉「またどの神を遣わすのがよいだろうか」といった。これに対してオモヒカネと諸神とが、イツノオハバリか、その子タケミカヅチがよいと推薦してきて、タケミカヅチに決まった。アメノトリフネをタケミカヅチにそえて葦原中国に派遣した。

こうしてタケミカヅチとアメノトリフネは、出雲国の伊耶佐《いざさ》の小浜に降り着いて、葦原中国を領有するオホクニヌシに対して談判を始める。その冒頭は、「『天照大御神・高木神』の言葉を受けて――」で始まる。

〈アマテラスだけの言葉であったのに、タカミムスヒも一緒に発言したかのようになっている。なぜ、タカミムスヒを加えるのであろうか。

この段階では高天原Aと須賀神社B_1だけであり、扁平三角形の配置が完成していない。どうやら司令神が男女二神でないと対応が後手になるらしい。扁平三角形の配置がⅠ型かⅡ型になるのかも不明な不安定の段階で、男女二神が揃《そろ》っていなければ事態の急変に対応できないことは、表3からもわかる。〉

談判の結果は、天神の子のような立派な住みかを建てることを条件に、オオクニヌシが葦原中国を献上することになった。そこで、タケミカヅチは高天原に返り参上して、葦原中国を命令どおりに平定したことを報告した。

〈ここでオオクニヌシの祀られる出雲Bの代表点b2の確定、すなわち出雲大社B2はすぐに築造されたとすべきものと思う。配置の順序からして、そうせざるをえない。〉

そこで「天照大御神・高木神」は、子のオシホミミに天降《くだ》りを命じた。

〈タカミムスヒは扁平三角形の配置の完成前の必要性から、アマテラスの下に高木神として復帰させたのである。〉

オシホミミは「私が降りようと身支度をしている間に、子のホノニニギが生まれたので、この子を降すのがよい」といった。この子は「高木神」の娘と結婚して生んだ子で、天火明命《あめのほあかりのみこと》とホノニニギの二神である。

オシホミミがいったとおり、ホノニニギに天降りを命じた。

〈オシホミミと天火明命のように、高天原から天降りしない神の存在意義を考えるのは、高天原の代表点を考える上で重要と思える。〉

ホノニニギが天降ろうとする時に、天の分れ道にいて、上は高天原、下は葦原中国を照らす神がいた。そこで「天照大御神・高木神」が、アメノウズメにだれがそうしているのかを問わせた。それはサルタヒコであった。サルタヒコは天神の子が天降りすると聞いて、先頭に立って仕えようと迎えにきたといった。

こうしてホノニニギは天の磐座を離れ、多くの神々を引き連れて、筑紫Eの日向の高千穂峰に天降った。そこに図2の4のように一直線上に高千穂宮Eを造って住んだ。

そしてホノニニギは、アメノウズメにサルタヒコをその鎮座地に送ることを命じた。サルタヒコは阿耶訶《あざか》にいた時に、漁をしていてヒラブ貝にその手を食い挟まれ、海水に沈み溺れた。

〈『記』では、阿耶訶は伊勢国壱志郡《いちし》（現在の三重県松阪市）にあることから、サルタヒコの鎮座地は伊勢国とかかわりがあるらしい程度のことしかわからない。〉

『紀』第九段一書第一では、天降りの途中で、サルタヒコは「私は伊勢の狭長田《さなだ》の五十鈴の川上に着くことになる」といっている。この「五十鈴の川上」という表現は、アマテラスの祀られている伊勢神宮の内宮の所在地を説明する場合にも、よく用いられている。

〈現在、サルタヒコは興玉神《おきたまのかみ》という神名で、内宮板垣の内側、北西の角に神宮の地主神として祀られている。社殿のようなものは一切なく、石畳に西の方角を向いて鎮座している。もともとのサルタヒコの場所は、アマテラスの祀られている内宮の代表点Cが考えられる。〉

〈ここでI型の仮の完成になる。以後、高天原Aに留まるには、表3のとおり女神のアマテラスならば非常時、男神のタカミムスヒならば常時の状態が条件になる。代表点Cが仮に定まったことにより、以後、アマテラスは天照大御神と記述されることはない。〉

やがて、ホノニニギ・ホヲリ・ウガヤフキアエズの日向三代の時代は過ぎ、イハレビコ(後の神武天皇)は長兄のイツセと東行の旅にでる。一行は日向を出発し、大阪湾に入るまでは平穏であったが、その後は戦闘状態に入った。

その折り、手傷を負ったイツセは「私は、『日神』の子として、日に向って戦うことはよくない。迂回して背に日を受けて敵を撃とう」といっている。そして傷がもとで死に至る。

〈「日神」という言葉は、アマテラスに対する表記の仕方が「天照大神」よりもさらに低下している。I型の戦闘状態は女神アマテラスの出番であるにもかかわらず、有効な手段を執らなかったのである。〉

イハレビコ一行は紀伊半島沿いに船を進め、熊野で上陸する。熊の姿が見えた途端、イハレビコは兵士とともに意識を失って倒れてしまう。

一同が目覚めたのは、熊野の高倉下《たかくらじ》が一振りの刀を持って現れた時であった。タカクラジは自分の見た夢の話をした。

それによると、夢の中に「天照大神・高木神」が現われ、タケミカヅチに子孫の手助けをするように命じた。タケミカヅチは、国を平定した時の大刀を、タカクラジの屋根に穴を空けて、降し入れようといった。翌朝、目覚めると夢のとおりに大刀があったので、献上したのだという。

〈タカクラジの夢の中とは、アマテラスが天降りの準備で高天原で直接活躍できない状態なのであろうか。アマテラスは天照大御神から「御」がなくなり、初めて「天照大神」になっている。アマテラスはイツセに迂回させることを気づかせたので、日神よりは評価が上っている。〉

するとまた、「高木大神」自身の言葉で、教えていうことに、「ここから奥は荒すさぶ神が多いので天から八咫烏《やたがらす》を遣わすので、八咫烏の後について行くのがよい」といった。そうしてイワレビコは次々と恭順させたり、荒ぶる者は平定していった。ついにイワレビコは畝傍山の麓の橿原宮Dで即位した。

〈八咫烏により非常時というより常時に近い状態になるので、アマテラスの名は完全に消え、タカミムスヒはこれまでの高木神に「大」が加わり、「高木大神」になっている。〉これらの理由は、これまで未詳とされてきた。(22)

〈高天原の代表神はタカミムスヒ一神になったのである。タカミムスヒが「高御産巣日神」にもどらない理由は、地上に比べ高天原の存在意義が小さくなったためであろうか。〉

その後のアマテラスは崇神記と垂仁紀にみえる。崇神記は豊鉏比売《とよすきひめ》、垂仁紀は倭 比売《やまとひめ》が伊勢神宮の内宮Cに祭っているというのである。

〈論理的にいって、アマテラスの鎮座地を探すという『紀』のような巡行は成立しない。すでに定まっているサルタヒコの鎮座地に天降ったと考えるべきである。〉

このように『記』の神話は、神話の基本的配置である扁平三角形とその扁平角から出る天の磐座・高千穂の峰・笠沙の御前の三点を通る一直線の成立過程(図2の4)を理解しやすい。『記』の神話を基準として、歴代天皇紀の宮都配置とを照合することによって、天皇紀の解明を拭みることは喫緊といわざるをえない。

註

1　ともに、『日本歴史の特性』坂本太郎（講談社学術文庫）一九八九・頁二四九～二五〇を参照

2　fabricate（物語りなどを）作りあげる、でっちあげるの意味になる。

3　以後、吉武高木遺跡については、「紀元前四世紀の記紀神話─吉武高木遺跡を読む─」（『信濃』六二─三）を参照

4　以後、神庭荒神谷遺跡については、「上直路屋内墓と出雲の巨大青銅遺跡」（『信濃』五四─一〇）と「ヤマト政権統治開始の証明─大岩山銅鐸遺跡の復元と解読─」（『信濃』六四─三）を参照

5　以後、宮都の遷移については、「非常時と女帝の宮都─性別により左右の配置が逆になる─」（『信濃』六五─四）を第二章に再録を参照

6　以後、『記紀』編纂については、「伊勢の『古事記』・出雲の『日本書紀』─無文字時代に従った編纂について─」（『信濃』六〇─一二）を第三章に再録を参照

7　以後、津田左右吉氏の参考文献は、『古事記及び日本書紀の研究─建国の事情と万世一系の思想』津田左右吉（毎日ワンズ）二〇一二・頁五五・五六・六一・七七・一二二・二七五を参照

8　以後、立岩堀田遺跡については、「紀元二世紀の記紀神話─文字を理解した弥生人─」（『信濃』六二─八）を参照

9　以後、向野田古墳については、『向野田古墳　宇土市埋蔵文化財調査報告書2』富樫卯三郎（宇土市教育委員会）一九七八を参照

10 以後、埼玉古墳群については、「記紀から読む埼玉古墳群―記紀神話より前の記紀神話について―」（『信濃』五九―一一）は第四章の再録と、「埼玉古墳群と『記紀』との照合―無文字文化の代表を世界遺産に―」（『信濃』六六―五）は第五章の再録を参照

11 以後、纏向古墳群東田支群については、「箸墓古墳、その巨大な理由―北部九州の弥生文化の登場―」（『信濃』六二―八）を参照

12 以後、高天原の代表点と天降りの経路については、「記紀神話が存在した時代―「神話から歴史へ」なのか―」（『信濃』六七―八）を参照

13 『発見・検証　日本の古代Ⅲ　前方後円墳の出現と日本国家の起源』笹生衛（KADOKAWA）二〇一六・頁二一二～二一三を参照

14 天皇の語は七世紀に大王にかわる称号として使用されるようになり、天皇の先祖とされる大王らにも天皇号が付与された。

15 折り方の分類については、「神原神社古墳の解読―上直路屋内墓との共通性について―」（『信濃』五五―一〇）を参照

16 「いまなぜ古事記を新訳したか」『文芸春秋』二〇一四年一二月号を参照

17 「魏志倭人伝」は通称。陳寿撰の『三国志』の一書『魏志』の東夷伝の倭人の条のこと

18 以後、吉田一彦氏の参考文献は、『日本書紀の呪縛　シリーズ〈本と日本史〉』

19 退位した天皇が再び即位すること。皇極（斉明）天皇と孝謙（称徳）天皇の例がある

20 『アマテラスの誕生―古代王権の源流を探る』溝口睦子（岩波新書）二〇〇九・頁六五～六八を参照

21　正邪当否を決定するために神意をうかがう方法。あらかじめ誓約の言葉が必要であるが、『記』では誓約の言葉そのものはない。

22　『古事記　新編日本古典文学全集1』山口佳紀・神野志隆光（小学館）一九九七・頁一四八上注1を参照

三章　計画された埼玉古墳群

——幾何学的配置関係の拘束性——

一　埼玉古墳群の築造集団

　平成30年に『史跡埼玉古墳群　総括報告書Ⅰ』（以後「総括Ⅰ」と表記し、主な参考文献とする）が埼玉県教育委員会から発行された。「Ⅰ」としたのは、埼玉古墳群の調査は今後も継続して進められることから、将来を踏まえてのことだと断っている。

　「総括」というからには、埼玉古墳群を考えるにあたって、現時点で基本と思える事実が確実に述べられているものと期待して手に入れた。だが、ないのである。

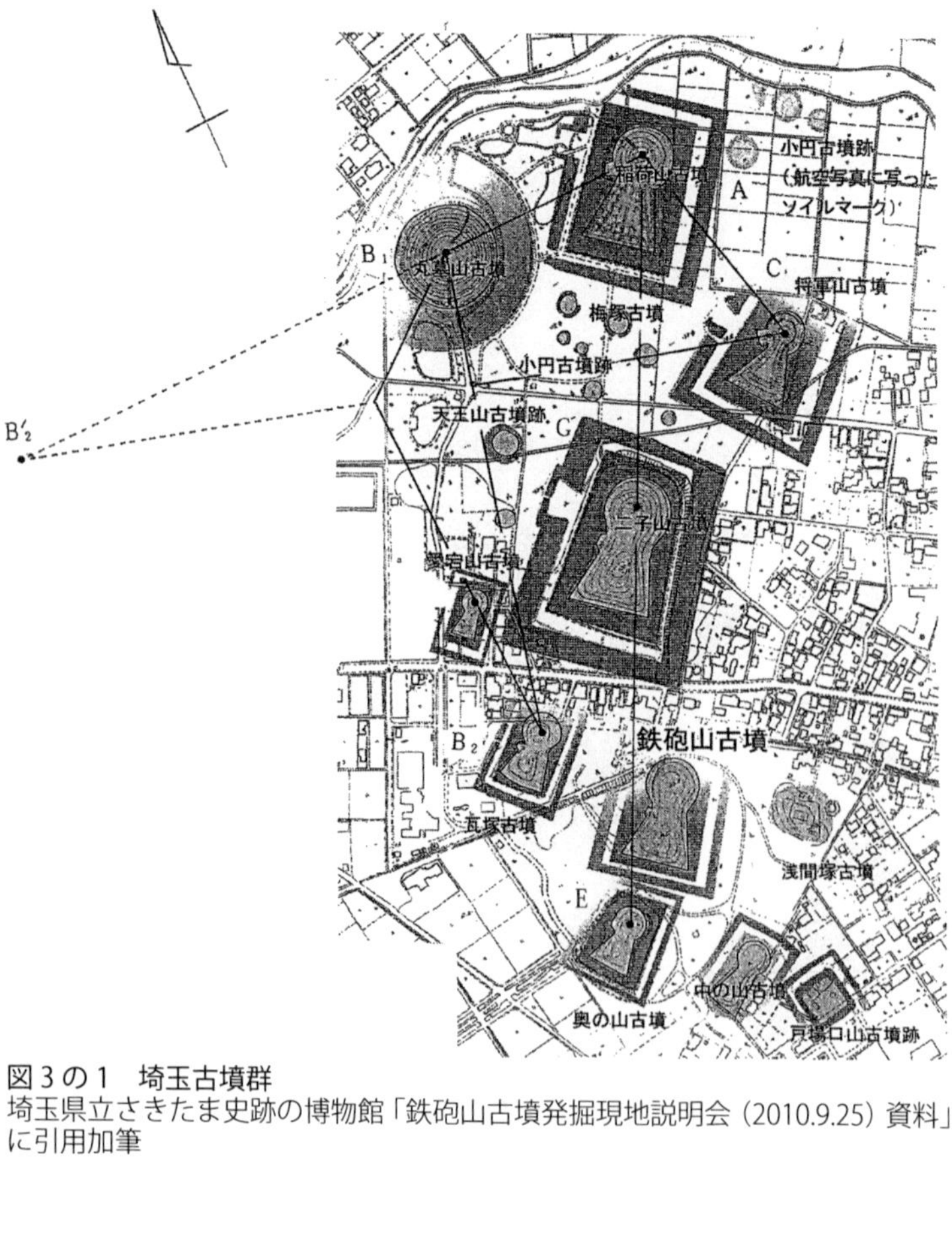

図３の１　埼玉古墳群
埼玉県立さきたま史跡の博物館「鉄砲山古墳発掘現地説明会（2010.9.25）資料」に引用加筆

この場合、基本的事実とは、おのずから気づくことや、すでに発表されたものにそれは掲載されていて、しかもそれに拘束され、無視すれば間違いに至ってしまうことを想定したい。具体的には図3の1と図3の2を見るように、埼玉古墳群にかかわる数的、とりわけ古墳相互間の幾何学的関係が考えられる。いわば、それは事実であって、絶えずそれを意識して埼玉古墳群を考えていかなければならないという制約が生じている。

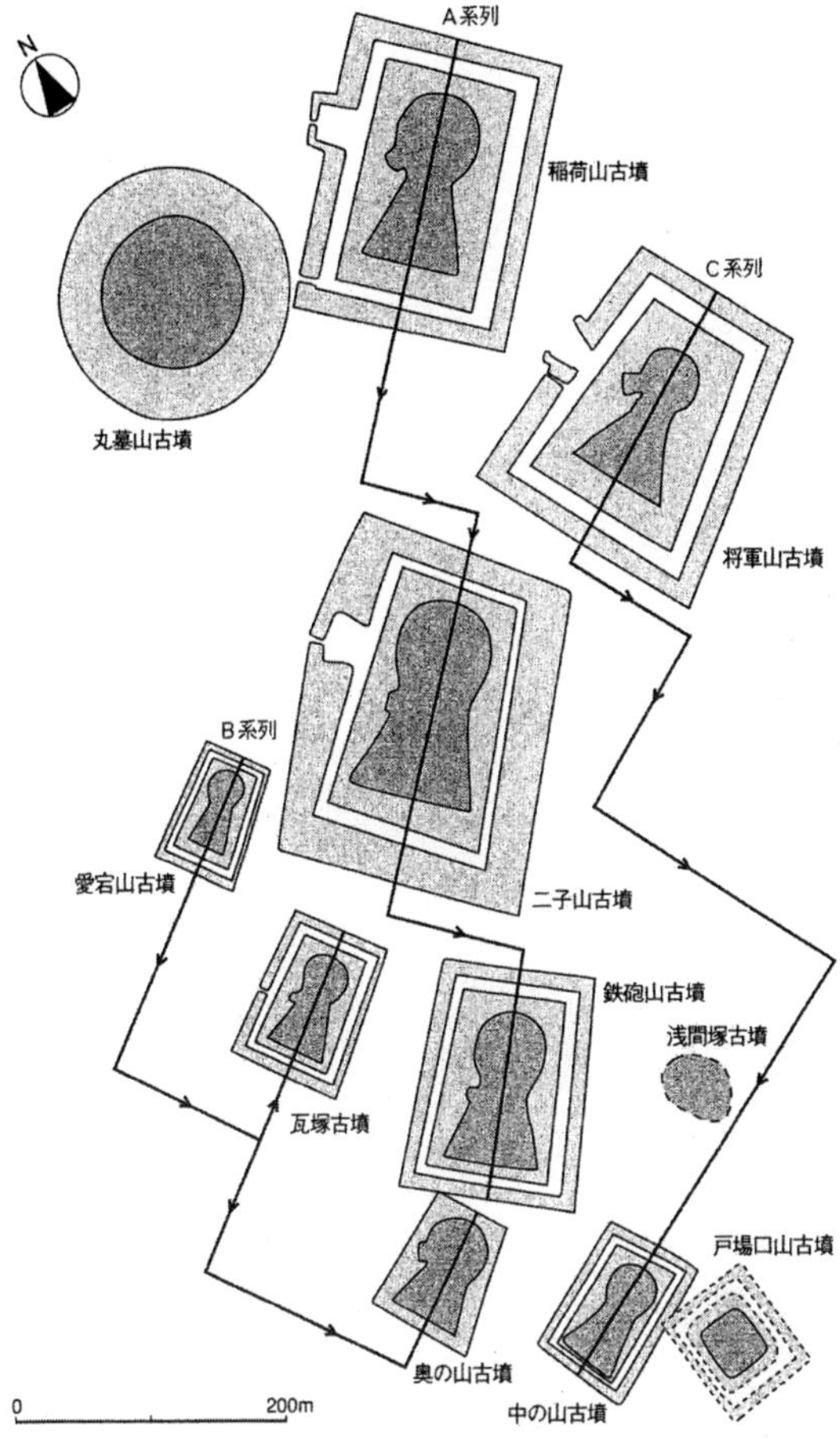

図3の2　埼玉古墳群における三つの主軸方位
高橋 一夫『鉄剣銘──五文字の謎に迫る・埼玉古墳群』（新泉社 2005）より引用転載

その結果、現時点でさえ、百舌鳥・古市古墳群などと違い、埼玉古墳群は雁字搦めになっていると言い得ることになる。そのため、埼玉古墳群の築造過程は、さぞかし緊張にみなぎっていたことが考え

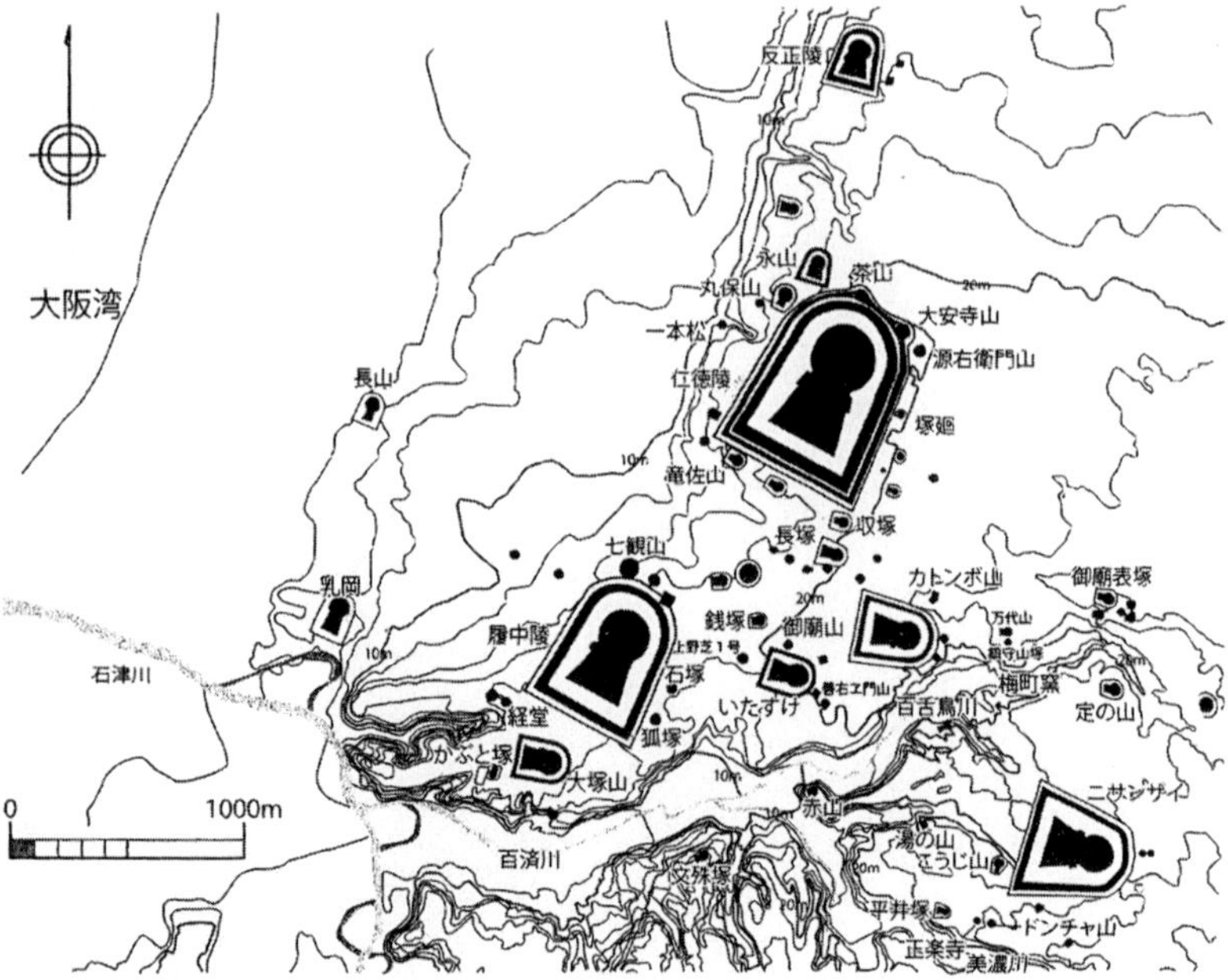

図 3 の 3　百舌鳥古墳群古墳分布図
『百舌鳥・古市古墳群─東アジアのなかの巨大古墳群─』一瀬和夫（同成社 2016）

られる。

恐らく、近隣の諸勢力からは初めから古墳群の完成が認められていたに違いない。いわば保障づきの事業だったのである。

古墳群の築造は、どれほどの他を強制する力や価値が当時存在したのか、察するに余りある。それゆえ、築造に必要な財力や労働力を充分に投入できたこともわかる。

埼玉古墳群の築造集団の特徴は、高度の計画性があり、強力な実行力を有していた。高度の測量技術に基づき、高度の土木技術者を存分に駆使しえたと考えられる。

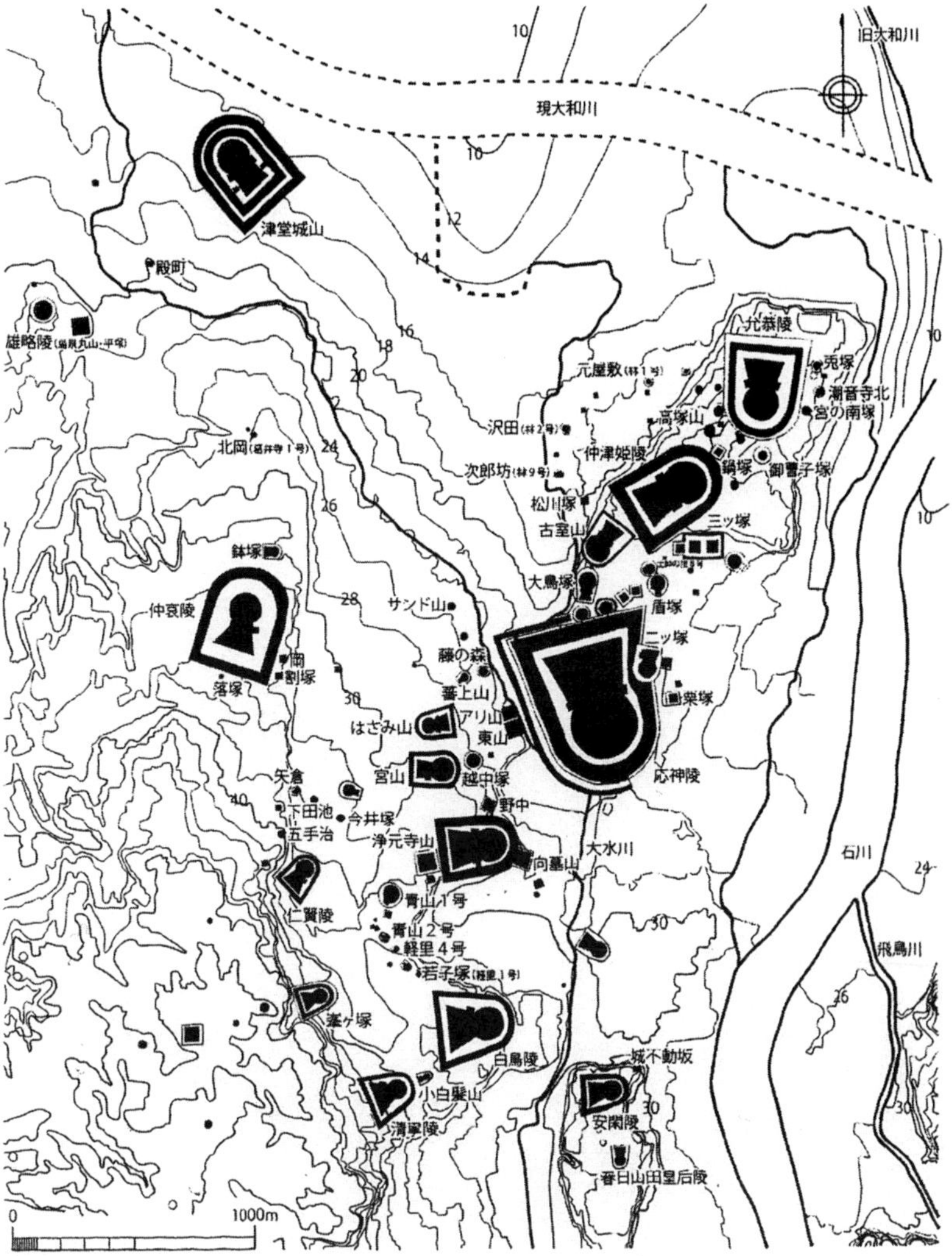

図3の4　古市古墳群古墳分布図
『百舌鳥・古市古墳群—東アジアのなかの巨大古墳群—』一瀬和夫（同成社 2016）

二　埼玉古墳群と設計図

私ごとをいえばコロナ前は月に一回、埼玉県行田市埼玉の埼玉古墳群に隣接する県立さきたま史跡の博物館で、「さきたま講座」が催されたので、その参加のために出かけている。埼玉古墳群の古墳をそのたびに三基ほど見る機会がある。

早めに自転車で行き、奥の山古墳付近から敷地内に入り、途中の鉄砲山古墳をながめ、レストハウスで食事をしながら瓦塚古墳を見つつ、過ごすことを繰り返している。

決まって瓦塚古墳の説明書きの看板を読み、その陸橋の手前まで行き、墳丘造出しを確かめる。

埼玉古墳群をただ見ている限りでは、普通の古墳なのであるが、実際には古墳群を構成している古墳それぞれが、じつに個性的なのである。

そうなっている理由は何に基づくのか、この古墳群の解明には最も重要なことと言わねばならない。それを知るために「総括Ⅰ」を読んで欲しいと言いたいところであるが、ことはそれほど簡単ではない。

「総括Ⅰ」では、さきたま史跡の博物館の館長をされたことのある関義則氏が「方形二重周堀についいては、一古墳ごとの個性が強いことから、厳密な設計企画は存在せずに古墳の状況に合わせて方形で二重に巡らせるという意識だけが継承されたものと思われる」と言っている。

つまり、墳形自体は個性が強くはないとしている。考えてみれば前方後円墳という規定の墳形からは、それほど個性的な形にできるはずもないのである。

そして方形二重周堀については、古墳ごとに個性が強くなっているが、古墳の造営時の状況に合わせたからだとする。築造当時に、いちいちその場になってどうするのか、判断したと言うのである。そうであるならば、かえって非常に面倒だったことになる。逆に厳密な設計企画が存在した場合には、台地上に描いた実寸に合わせて初めから決まっているので、それに従ったことになる。関氏はとにかく埼玉古墳群は計画的に造られたものではなかったことを強調したかったようである。

古墳の仕事に携わる人々にとって、古墳と言うものは、世界遺産になった百舌鳥・古市古墳群のようにありたいという考えが非常に強い。埼玉古墳群は更地に築造されている。

ところが、古市古墳群では、その代表する誉田御廟山《ごんだごびょうやま》古墳（応神天皇陵古墳）の付近でさえ、築造前に造られていた古墳が多い。応神陵古墳の東側内堤を変形させている二ツ塚古墳の前方後円墳や北東隅の外壕に接した盾塚古墳の帆立貝式古墳、同時期に近い狼塚古墳、鞍塚古墳、やや遅れる前方部中央の外壕を変形させる誉田丸山古墳と言った円墳がある。[1]

埼玉古墳群は正確な設計図に基づいて、古墳が配置されている。そのために古墳と二重周堀を設計図から切り離しては考えられない。

埼玉古墳群の稲荷山古墳Ａの代表点である後円部中心点ａと丸墓山古墳B_1の中心点b_1と将軍山古墳Ｃの後円部の中心点Ｃの三点を、互いに直線で結ぶと図３の１から二等辺三角形であることがわかる。この二等辺三角形の配置はかつては良く発表されていた記憶がある。

埼玉古墳群を理解するためには、この二等辺三角形の配置の事実を認識していることは重要なことだと思う。二等辺三角形の配置にかかわる古墳の築造順はＡ・B_1・Ｃの順となっている。

埼玉古墳群ではＡからB_1の築造された間に築造された古墳はない。Ａの築造はHr-FA（六世紀初頭の群馬県榛名山二ツ岳の火山灰）の降下前だったと推定されている。B_1は、Hr-FAが墳丘下から検出されている。

B_1からCの間は、天祥寺裏古墳・二子山古墳G・瓦塚古墳B_2・奥の山古墳Eが築造されている。

Cは6世紀後半に築造されたと比定されている。さらに、小円墳の一～四・六～七号墳は六世紀前半代、五号墳は六世紀後半代に築造されている。

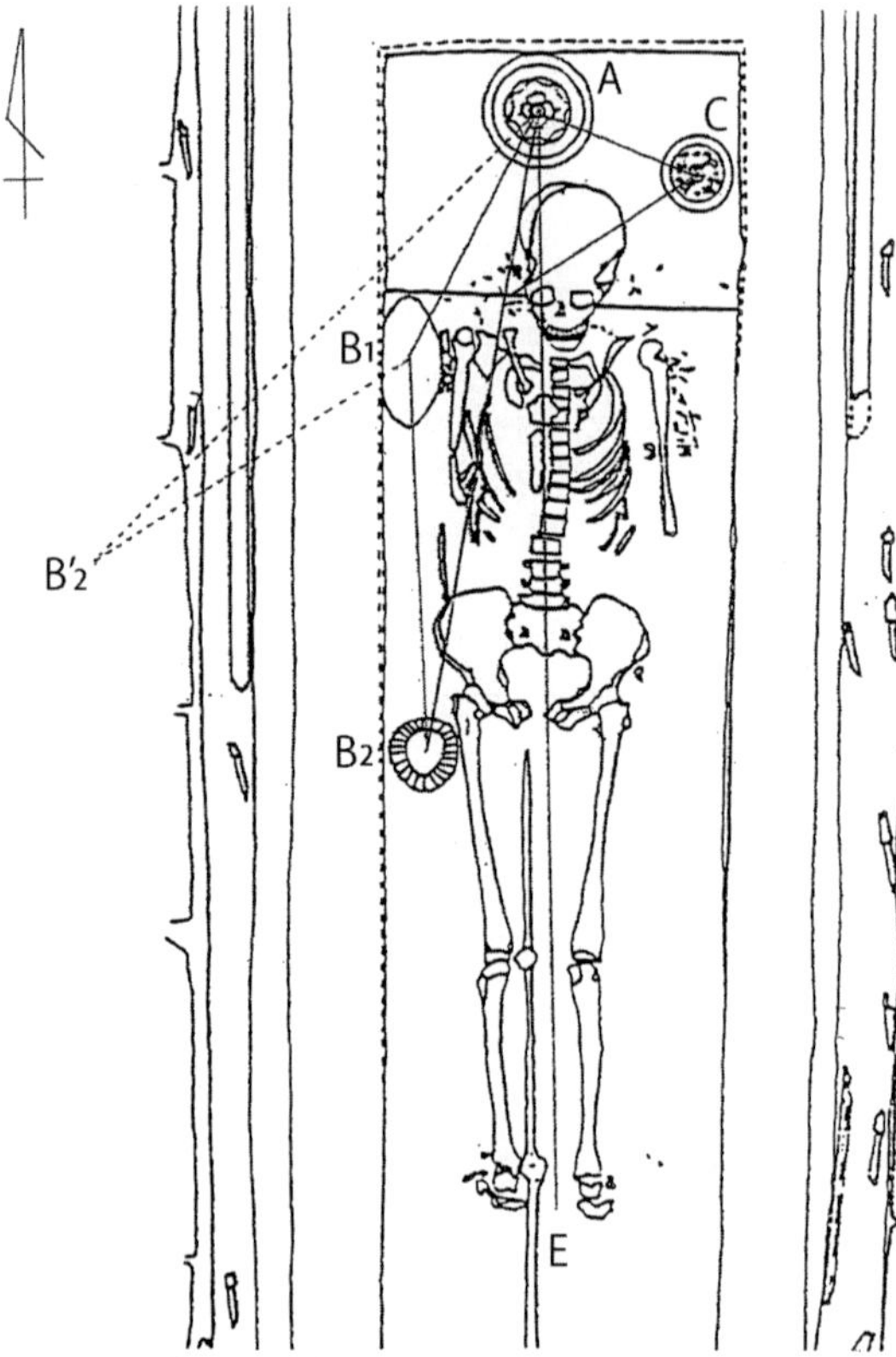

図3の5　向野田古墳の天孫降臨図
富樫卯三郎『向野田古墳 宇土市埋蔵文化財調査報告書 第2集』（熊本県宇土市教育委員会 1978）第13図（上段）棺内・棺外遺物配置状態に引用加筆

　Cの配置、すなわち二等辺三角形 a b_1 c の配置が完成すると、鉄砲山古墳を除いて、二等辺三角形 a b_1 c と奥の山古墳Eの間の古墳はすべて築造されていることになる。中の山古墳、浅間塚古墳、戸場口山古墳は鉄砲山古墳の後に築造されている。

　Cは初めから築造が予定されていたにもかかわらず、そこをあけて後回しにしたと考えたほうが理解しやすい。わざわざそうしたのは余程の理由があってのことであろう。

埼玉古墳群の設計図の存在が考えられるものとして、折り紙式表現が存在している。図3の1のように扁平三角形 ab'_2c の辺 ab'_2 上の点 b_1 で、あたかも折り曲げたかのような表現になっている。

これは図3の5のように、本来は古墳の棺内に扁平三角形を納めるために始まったものであろう。

図3の5では扁平三角形 ab'_2c の扁平角を折り畳んでいる。

図3の5は熊本県宇土市松山町の向野田古墳の棺内である。埼玉古墳群の築造順は、古墳時代の埋葬方法の順序を理解するのに非常に重要なことがわかる。

向野田古墳の棺内は、埼玉古墳群に比べ、極めて大きさが異なるが、その配置は寸分の違いも許されない慎重を極めたことがわかる。狭いながらも図3の5の直線的位置関係は、実際に測量されなければならない。

石棺壁に立て掛けられた鏡もそのままである。地震などがあっても、その位置が維持され続けた結果であることに安堵しなければならない。

埼玉古墳群の縦軸とも言うべき、直線の age がある。稲荷山古墳Aの代表点a、二子山古墳Gの代表点g、奥の山古墳Eの代表点eが同一直線上に位置している。

この直線は、埼玉古墳群の築造過程において、どのような役割を果たしたのであろうか。地上に絶えずこの直線を維持し続けていたことが考えられる。

埼玉古墳群の築造過程は五世紀後半から七世紀はじめまで続いた。問題が生じた場合、絶えずその基準線にもどって、古墳の築造に励んでいたのではなかったか。

三　埼玉古墳群の特徴

そもそも埼玉古墳群の特徴を一口で言えば、百舌鳥・古市古墳群をはじめとして、その他の古墳群と比べてみて、計画性の度合いがはるかに強いように思える。「総括Ｉ」には計画性とは関係ないかのように、その特徴が箇条書きでまとめられている。

①前方後円墳の主軸方位が図３の２のように概ね一致している。主軸方位はＮ－36～58－Ｅの範囲で収まるとしている。

そのうち主軸方位を細分して、三分類が可能である。三分類出来るとは、同一分類された前方後円墳主軸が平行線をしている、あるいは平行線に近い関係になっている。

図３の２のＡ系列（稲荷山・二子山・鉄砲山）、Ｂ系列（愛宕山・瓦塚・奥の山）、Ｃ系列（将軍山・中の山）となっている。だが、「総括Ｉ」には関氏作成の非計画性図が載っている。

今までの幾何学的条件に、図３の２の平行配置を加えて考えた時、埼玉古墳群はどう扱ったらよいのかわからなくなる。複雑と言えばあまりにも複雑に思えるのだが、こうも難しくしなくても良いのではないか。いったい被葬者はどのように選考をされたのか、見当もつかなくなってしまう。

百舌鳥・古市古墳群は、主墳や陪《ばい》塚《ちょう》の方向がばらばらになっている。古墳群全体として古墳の方向性に計画も何もあったものではない。

百舌鳥古墳群は一番目に大きい仁徳陵と二番目に大きい履中陵の向きが同じかと思っていると、ニサンザイ古墳、御廟山古墳、いたすけ古墳、大塚山古墳が共同して打ち消しているように思える。

②古墳間が極めて近接している。奥の山古墳・鉄砲山古墳の両外堀は部分的に重なり合っていた可能性が高い。中の山古墳と戸場口山古墳の両外堀も重複している。稲荷山古墳と丸墓山古墳周堀間の最も狭い場所は三メートルなどの例をあげている。

問題は、その原因となった理由が、計画通りだったのか、失敗だったのかということになる。どうやら単なる失敗ではなさそうなのである。

奥の山古墳と鉄砲山古墳の場合は、奥の山古墳が鉄砲山古墳にぶつかって、内堀・外堀ともに変形した表現になっている。しかし、鉄砲山古墳のほうが二子山古墳との間もあいていて、後から造られたことから、計画通りと考えられる。

中の山古墳と戸場口山古墳の関係は、戸場口山古墳が後から造られており、戸場口山古墳の外堀が中の山古墳の外堀にぶつかって食い込んだ表現をしている。中の山古墳の内堀と外堀はその衝撃に対応できず折れ曲がった表現になっている。

これはあたかも戦いの物語を表現しているかのようだ。同様の例は他の古墳群にあるだろうか。

稲荷山古墳と丸墓山古墳の場合は、直線 a b_1 のうちでは、丸墓山古墳の半径の長さで多くをとられてしまうので、接近せざるを得ない。初めから全くの計画通りなのである。

③前方後円墳はみな方形（台形）周堀を有している。前方後円墳は一般に埼玉古墳群のように方形周堀ではなく、馬蹄形周堀になる。

馬蹄形である場合は、馬蹄形周堀を変形していろいろな意味・内容を表現することは難しい。それと埼玉古墳群の築造にあたって、相互の位置関係の把握が重要であるが、方形周堀はそれに適しているように思える。

④造出しは、すべて西側に付いている。百舌鳥・古市古墳群は、後円墳から見て左右両側についているものが多く、造出しが一箇所の場合には百舌鳥古墳群の御廟山古墳や古市古墳群の仲哀陵や仁賢陵などのように後円墳からみて左側だけの場合がある。はっきりと後円墳側のものはないようである。

当然のことながら、埼玉古墳群の造出しにはそれなりの目的意識があったはずである。西側に造出しがあるかないか、ある場合にはくびれ部近くの前方部に造出しがついている二子山古墳・鉄砲山古墳・瓦塚古墳、くびれ部近くの後円部に造出しがついている稲荷山古墳・将軍山古墳・奥の山古墳がある。しっかり見届ける必要があることになる。

⑤中堤造出しも、すべて西側に付いている。中堤造出しをもつ古墳は、稲荷山古墳・二子山古墳・将軍山古墳・鉄砲山古墳の四古墳である。今後の調査によって、他の古墳でも検出される可能性があるというのだが、中堤造出しの大きさから考えられないのではないか。

百舌鳥・古市古墳群では中堤造出しは見当たらない。それゆえに埼玉古墳群では何のために中堤造出しが必要であったのかを問われることになる。

気をつけてみると、中堤造出しのある古墳にはすべて墳丘造出しがある。墳丘造出しのある古墳でもすべて中堤造出しがあるわけではない。瓦塚古墳と奥の山古墳がないのである。

ほぼ月に一回見ている瓦塚古墳は、中堤造出しはないが、造出しの近くに行きやすいように西側に外堀を渡る陸橋が検出されている。考えて見れば、陸橋と中堤造出しの違いは、第一に幅がないかあるかの違いで、その機能は、その古墳が造られた目的を理解させるために、見るべきところを見せるためではないか。

見るべきところとは、中堤造出しが古墳のどの場所についているかであろう。将軍山古墳と鉄砲山古墳のように、中堤造出しで外堀が幅広く切れている場合は別として、稲荷山古墳と二子山古墳のように中堤造出しに至るには陸橋が必要というわけである。

奥の山古墳のように墳丘造出しはあるが、陸橋も中堤造出しも見つかっていない場合はどう考えたら良いのだろう。恐らく、完全な二重周堀によって、古墳が大切に守られていることを強調しているのだろう。

奥の山古墳は、外堀・中堤・内堀越しに造出しを見たことになる。奥の山古墳からは装飾付須恵器と高杯形器台が発掘されていることから、やんごとなき古墳と考えられる。墳丘造出しは墳丘造出しと中堤造出しは、見かけは似ているが、役目は全く異なる。墳丘造出しは見られる対象であるが、中堤造出しは墳丘造出しを見せるための誘導役をしている。

中堤造出しは稲荷山古墳や二子山古墳のように、形象埴輪が置かれている場合もあるが、中堤造出しが大きな存在のために中堤造出し自体の存在意義を考えてしまう。例えば稲荷山古墳と二子山古墳は、ともに外堀から中堤造出しに土橋が設けられているために、両古墳の特別の関係があるかのように考えてしまう。

両古墳は西側から見る場合、特別な障害もなく陸橋が見つけやすい。陸橋を通って中堤造出しの中に入り、墳丘造出しを見ることができる。

ところが将軍山古墳と鉄砲山古墳は、中堤造出しから直接に古墳造出しを見ることができる。陸橋と比べ中堤造出しは幅があるため見落としずらいのである。

将軍山古墳と鉄砲山古墳の場合、それぞれ稲荷山古墳と瓦塚古墳があるため西側から造出しを見落としやすいと判断したからだろう。とりわけ将軍山古墳のように中堤造出しと中堤造出しのすぐ脇に外周から直接に堤に通じるように土橋を設けたのは、西側から奥まった東側に位置する将軍山古墳の墳丘造出しを見落さないために念を押したことになる。

⑥丸墓山古墳は部分的に葺石《ふきいし》の存在する可能性があるが、埼玉古墳群は他の古墳に葺石はない。日本列島では葺石のある古墳が一般的といえる。

金錯銘鉄剣の出土したのは稲荷山古墳の礫槨《れきかく》であるから、そこには格別な意味が込められているはずである。丸墓山古墳の場合は埼玉古墳群の中で例外であることの表現であろう。

⑦丸墓山古墳は国内最大級の円墳である。埼玉古墳群は西側に張り出した舌状台地の先端部に位置している。丸墓山古墳は唯一その台地から半分ほどはみ出している。

大型古墳での極端な例外を強調し、堀も東側半分だけのようである。埼玉古墳群は西側から見るように造られているが、西側からでは堀は一重もないかのようになっている。しかも埼玉古墳群の築造過程を考えてみれば、丸墓山古墳は二番目に造られている。丸墓山古墳の例外的存在であることは、ことごとく計画的であったことになる。

四　何のための西側重視か

埼玉古墳群の前方後円墳は墳丘造出しも中堤造出しも、すべて西側に付いている。それらとは一見すると目的が異なるのかと思える土橋ともいう陸橋も、西側に付いている。

周堀の一部を掘り残して通路とする陸橋は、稲荷山古墳・二子山古墳・将軍山古墳・瓦塚古墳で発見されている。陸橋は外堀を通過するためのものである。水堀になっている百舌鳥・古市古墳群には陸橋はない。

関氏は、形象埴輪など葬送儀礼に関わる一連の諸機能・施設が各古墳とも西側に集約しており、さらに周堀の形状などにも西側傾向を強く意識して造作されているとしている。それなら、何のために西側方向を強く意識しているのか、その根拠を具体的に示すべきである。

将軍山古墳では横穴式石室の導入に伴い、後円部の東南側に入り口が開口するに関わらず、造出しも陸橋も西側に設置されている。これは石室の入り口が西側方向を意識する場合の対象範囲に入っていないからであろう。むしろ石室の入り口は見せないことにしているのであろう。

また、鉄砲山古墳をみてみると、西側のみ三重の堀となっていることに加え、東側の外堀が西側の外堀に比べ貧弱である。西側のみ三重に巡らすことは、周堀の平面的な均整さを損なう一方で、西側方向から眺望した場合の古墳の荘厳さを増幅することに効果的だったに違いない、という。

鉄砲山古墳の西側のみの三重堀をどう考えるかは、西側方向から眺望した場合でさえも、関氏のように肯定的に考えうるのか、それとも否定的に考えるのかの問題が生じる。

鉄砲山古墳と極めて近接して奥の山古墳がある。奥の山古墳は、鉄砲山古墳とは逆に、西側の側辺が東側と比べ著しく短くなっている。

鉄砲山古墳は虚勢をはっている。それに対して奥の山古墳は目立たない、慎ましやかとも言えよう。関氏は鉄砲山古墳の三重堀に対して、荘厳さという言葉を選んでいる。だが、鉄砲山古墳は造成時には三重目の堀の長さがすぐに確認できたはずである。荘厳さという言葉は、その堀の長さが半端すぎて該当しないのではないか。

それに鉄砲山古墳の堀の南側と奥の山古墳が接する部分が押された状態になっており、荘厳どころでは全くない。訪れた者は、三重目の短かさ小ささに嫌気がしたのではないか。

それでは鉄砲山古墳の三重目の堀は何のために必要だったのか。恐らく、場所的に、鉄砲山古墳は、奥の山古墳の役と間違えられる恐れがあった。気をつけろ、間違うなと注意をうながしていると思える。

鉄砲山古墳と同じく、虚勢を張っていると思えるのは、埼玉古墳群で最大の二子山古墳である。図3の6のように、外堀の平面形態は、西側が広くなる不定形な形態であり、かつ西側が一定でなく幅広となっている。まことに不格好なのである。

二子山古墳は不格好だとだけいって澄ましているわけにはいかない。二子山古墳には大変なファンがいるから、お叱りをうけてしまう恐れがある。

埼玉古墳群の一基一基は、計り知れない意味合いをもっているように思える。ただ、不格好と言うだけでなく、不格好に至ったそれなりの理由を考えなければならない。それも直接に個々の古墳の不格好の理由にもっていくのではなく、個々を相対的にとらえて、まずは古墳群全体で説明できるように、何のための西側重視なのかを説明しなければならない。

埼玉古墳群は地理的にも、物質文化の流通という点でも、関東地方の南と北を繋ぐ要所として位置づけられる。ならば埼玉古墳群の計り知れない意味合いとは、関東地方の南と北に、広く知らせる必要があったということになる。いな、関東地方にとどまらなかったのではないかと思う。

何のために埼玉古墳群は西側重視かは、その目的が極めて限られている。誰かが何かを何のためにか、すみやかに正確に理解させるようにすることを目的としているのではあるまいか。

何のために古墳群が西側重視をしているのかは、古墳群が表現している内容を理解しようとする

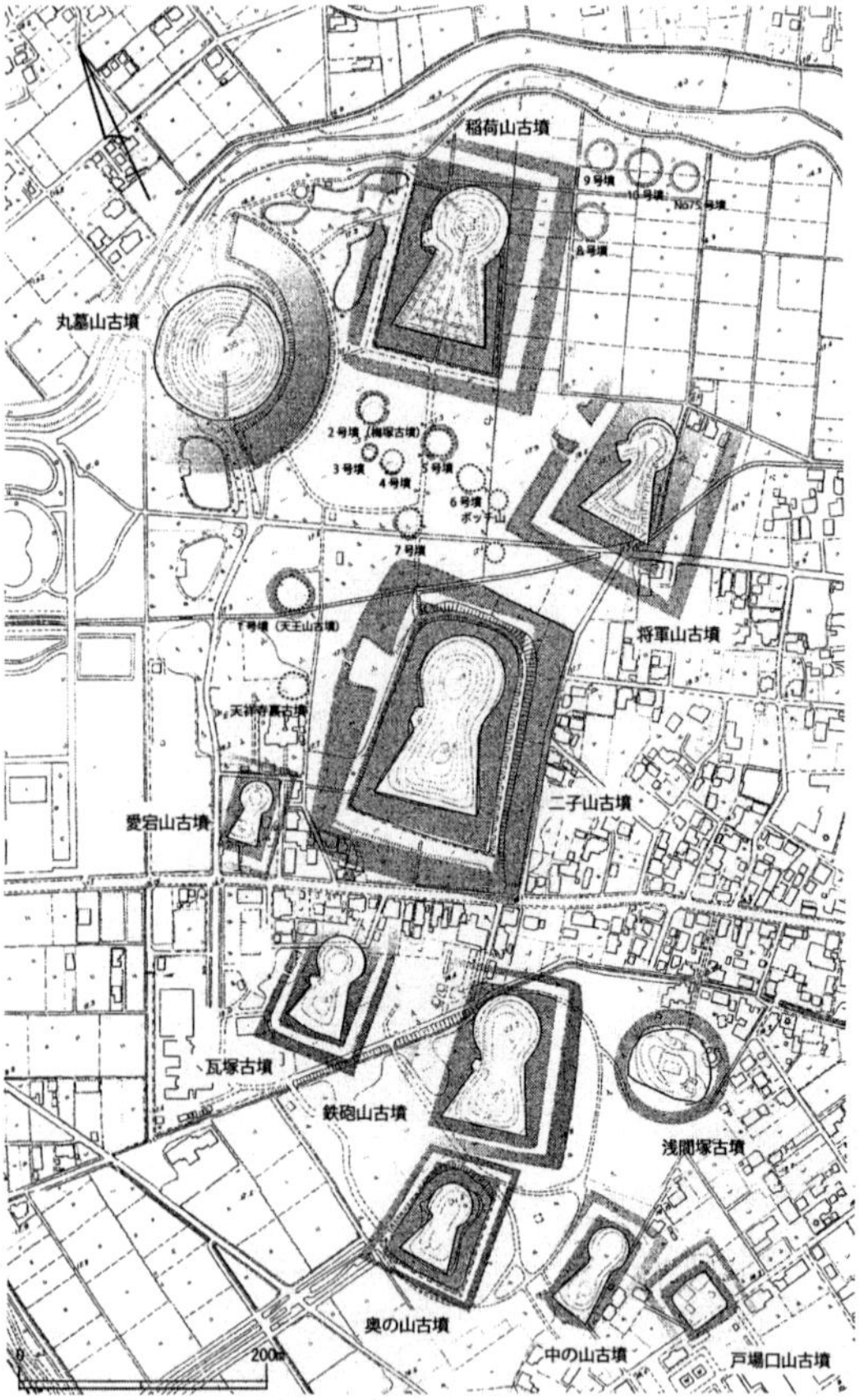

図3の6　埼玉古墳群全体図
埼玉県立さきたま史跡の博物館「埼玉古墳群史跡指定80周年・稲荷山古墳発掘調査50周年・鉄剣銘文発見40周年記念講演会（2019）さきたま あれから これから」資料より引用転載

通行人の時間節約のためではないか。そのために古墳の東側を重視しないともいえよう。東側は簡略ですましたというわけである。

なぜ、そのようなことが必要かといえば、埼玉古墳群全体の内容を理解しようと、実際にすべての古墳の全周を歩いてみるがいい。どれほどの長い距離になり、どれほどの時間がかかるのだろうか。古墳の西側でさえ、時間がかかるとは、その際に古墳ごとの内容を判断しながら、知ったことを歩きながら記憶していかなければならない。古墳群全体を頭の中で完成させることになる。

現在のわれわれは、例えば古墳群全体をＢ５サイズの用紙に縮尺した図を手に持ちながら、古墳を見ることもできる。気づいた要点をメモにして持ち続けることもできる。

古墳の築造者も当時、そのような正確な図を手にしていたことが考えられる。そして、古墳築造当時は、通行人は歩きながら、埼玉古墳群を理解できたと考えられる。

五　大きいことは

百舌鳥・古市古墳群が世界文化遺産に登録が決まった時も、埼玉古墳群の関係者は、やっぱり巨大でなければ駄目だと、ため息をもらしたようだ。敢えて安易にいわせてもらえば、他の古墳が世界文化遺産を目指す場合も本当に大きくなければ駄目なのだろうか。

世界遺産の評価基準をみても、直接それに結びつく言葉はない。どうやら最もかかわりがあると思えるのは、(iii)の「現存するか消滅しているかにかかわらず、ある文化的伝統又は文明の存在を伝承する物証として無二の存在（少なくとも希有な存在）である」のようだ。

世界遺産に相応しいとして、二〇一〇年に古市古墳群世界文化遺産登録推進連絡会議の『古市古墳群を歩く』に、遺産登録に適用できる普遍的価値にあたる項目として三つあげている。その三つ目の部分に「―世界の巨大墳墓の中でも前方後円墳という特殊で複雑な形態は類似するものがなく、一つの墳墓としての規模も世界最大級でもある」にみることができる。

巨大という言葉は、二〇〇七年に大阪府・藤井寺市・羽曳野《はびきの》市・堺市によって、「百舌鳥・古市古墳群―仁徳陵古墳をはじめとする巨大古墳群―」というテーマで文化庁に提案された世界遺産暫定一覧表そのものにもみえる。(2)

巨大ばかり一辺倒に論じては、古墳研究に差し障りさえあるのではないかと私自身は思っている。はたして古墳群の中でさえ、当時は大きい順序でランク付けされていたものであろうか。その確証はない。

「総括Ⅰ」をみると、墳丘長一三二・二メートルの二子山古墳は、埼玉県内はもとより、旧国名で言うところの武蔵国最大の古墳とも呼ばれてきたとなっている。

だが、目と鼻の先といってもいいような、直線で北方一四・五キロの旧国名上野国、現在の群馬県太田市内ヶ島町の太田天神山古墳は、墳丘長二一〇メートル、外堀外縁での規模は全長三五五メートルあって、東日本最大の前方後円墳であることは、客観的理解のために大切である。

毎年五月四日には、「さきたま講座」の前に、世界遺産サポーターの会が勧誘に来て、少し前の年までは、「武蔵国一の大きさ」と繰り返していた。世界遺産を目指す内容としてはどうかと思っていた。

丸墓山古墳は直径一〇五メートルあり、これまで日本最大の円墳といわれてきた。平成二十九年に奈良市が市内の富雄丸山古墳を航空レーザーにより三次元測量をしたところ、直径一〇九メートルであることが判明したと発表した。以後、丸墓山古墳は「総括I」のように「国内最大級の円墳」といわれている。

墳丘長一二〇メートルの稲荷山古墳の造営時期に大阪府藤井寺市に所在する古市古墳群中の岡ミサンザイ古墳が墳丘長二四二メートルと他に卓越して巨大な規模となる。この古墳が大王墓であることは疑いないであろう。

同時期において、次ぐ規模の古墳は、墳丘長一四〇メートル規模である奈良県香芝市に所在する狐井城山古墳であり、稲荷山古墳はそれに次いで三番目の規模になる。稲荷山古墳は、当時の倭国内においても大王墓に次ぐ突出した規模を有する古墳として位置づけられると、関氏はいう。

これはこれまでの古墳に対する研究者の固定観念ではないか。古墳の大きさに対する未練のように感じる。

関氏の考えは完全に百舌鳥・古市古墳群のペースに引き込まれている。それでは何が可能になるのだろうか。

すでに「さきたま講座」に世界文化遺産の国内委員がやってきて、我々聴講生に向かっていうしかなかったのだろう。埼玉古墳群の古墳が「大きいことを理由に世界遺産に申請してきたら、受け取らない」といっている。

そして、肝に銘じることとして、ある時の「さきたま講座」の講師の言葉がある。埼玉古墳群全体で、百舌鳥・古市古墳群のたった一基の古墳の大きさと同じであるということだった。それを聞く前に、私も気づいていたのだが、改めていわれてみると、悲哀を感じる。

「総括Ⅰ」には、埼玉古墳群は、東西五〇〇メートル、南北八〇〇メートルの範囲内に細長く立地するとみえる。それに対して、百舌鳥・古市古墳の最大の大仙（山）古墳（仁徳天皇陵古墳）は総長八四〇メートル、横幅六五〇メートルとなり、より大きいのである。百舌鳥古墳群・古市古墳群・埼玉古墳群の三つの古墳群に共通していることは、主として堀のある前方後円墳で構成されていて、堀のない前方後円墳はどうやらなさそうであるということである。それと三古墳群ともそのほぼ中央部に最も大きな古墳が位置していることである。大仙古墳・誉田山古墳・二子山古墳である。

これらの大古墳をもってしても、各古墳群の基準点すら存在していない。大古墳群における存在意義すらよくわかっていない。

すでに述べたように誉田山古墳は、その東側の内堤に先行して築造された二ツ塚古墳をよけるために折れ曲がっている。そもそも古墳群に基準点があるのかと疑問に思うかもしれない。

埼玉古墳群で最も先行して築造された稲荷山古墳は、図3の1のように後円部の中心点は古墳群の基準点と初めから考えられていたのである。

瓦塚古墳の後円部の中心点と愛宕山古墳の後円部の中心点を通る直線は真北を指している。その直線は奥の山古墳の後円部の中心点まで延長できるのかもしれない。

このように高度の測量技術に裏打ちされた、いわば計算されつくした、憎たらしいほどの計画性のある配置なのである。扁平三角形の辺を内側に折れ曲げるとしても、意味のない点ではなく、そこは丸墓山古墳の中心点b1にしたのである。

埼玉古墳群は気付かないことの多さに恐れすら抱いてくる。個々の古墳にはそれぞれの役目があり、全体としてもストーリーが成立するに違いない。

二子山古墳の後円部墳頂部に直径八メートル、最大深さ五〇センチの陥没穴がある。埼玉古墳群で最も高価なものが埋葬されていると考えるのは、二子山古墳の埋葬施設であるのが、今も昔も一般的であろう。

現状では周辺に石材は散布しておらず、主体部構造や出土遺物等も知られていない。早くから盗掘を受けたものと考えられる。二子山古墳の発掘調査と整備工事は、今後とも継続して実施する予定であるというが、出土物は二子山のこれまでの経過からあまり貴重なものは期待できそうもないと考えられる。

六　屈曲は歪みの範囲か

埼玉古墳群の古墳で論ずべき大切なことは、その屈曲にある。屈曲はどのような理由によって生じたものであろうか。その原因を確かめなければならない。

関氏は、意図的な屈曲というよりも、歪みの範囲内ととらえておきたい、としている。歪みの範囲内とは、本来の計画では歪みはなく、やむを得ず結果として歪みが生じてしまったという意味のようである。

歪みとは形が正しくなくなって、ねじ曲がっていることである。墳丘や周堀などを造る際に、測量技術や土木技術などが劣っていたため、結果としてまっすぐや滑らかにすべきところをそうできなかったと考えたいとしたのである。そして、当時の技術では、仕方がないとしているのである。

関氏のあげる歪みの具体的な古墳例は、稲荷山・二子山・瓦塚・奥の山・鉄砲山・愛宕山・中の山となっている。将軍山古墳だけが除かれている。

その歪みとする箇所を列挙してみる。

稲荷山古墳は中堤が歪んでいるため、内堀と外堀の幅は場所によって広い狭いが存在する。二子山古墳は外堀西側の辺長が東側よりも長く、大きく屈曲した形態となっている。瓦塚古墳の前方部ラインが主軸に直交していないことから剣菱形に復元されたこともあったが、推定ラインは左右非対称であり、むしろ墳丘や周堀の歪みととらえるほうが適切であろう。

奥の山古墳は、西側の側辺が東側と比べ著しく短い。鉄砲山古墳の前方部側周堀も他の辺と比べ幅が狭い。愛宕山古墳と中の山古墳は周堀の側辺がやや内側に湾曲している、としている。

歪みの主たるものは周堀であって、その例外は瓦塚古墳の墳丘、稲荷山古墳の中堤だといっている。そして方形二重周堀について、古墳ごとの個性が強いことから、厳密な設計企画は存在せずに古墳の状況に合わせて、方形を二重を巡らせるという意識だけが継承されたものと思われる、と結論づける。

周堀以外はたまたま単なる一例として、瓦塚古墳の墳丘、稲荷山古墳の中堤の例をあげたというかもしれないが、その場合も必ずしも代表例ではないようである。

その結果として、二子山古墳は周堀のみが歪みとなっている。二子山古墳の墳丘には歪みがない、といいたかったようである。

ところが二子山古墳の前方部の先端の東側の角度は広く、西側の角度は狭くなっている。そのため、前方部の東側の辺は短く、西側の辺は造出しがなかったものとすると長くなる。二子山古墳の墳形自体がねじれていて、西側へ移向するかのように表現されている。東側の外堀外辺は西に向かって曲がっている。単なる歪みではなく、統一ある屈曲になっていることがわかる。

二子山古墳について関氏は、外堀の辺長が東側よりも長く、大きく歪曲した形態となっているというが、それがはたして歪みの範囲内といいうるものだろうか。単なる外堀の辺長にとどまらず、一定ではなく著しく異なる外堀幅になっている。

外堀幅の広いところは、土を除去するのに大変な労力を要したことになる。外堀幅の広いところのすぐ近くに、堤幅の広さが対応した土量になっているわけではないからである。歪みの範囲内という関氏だが、具体的にその範囲を述べているわけではない。せめて同様の例だとして、埼玉古墳群以外の古墳の例を提出してほしかったのである。実際これほどまでに多発している例が他にあるだろうか。

歪みの範囲内だといって、そのままにしているのでは、実体のつかみようがない。むしろ、埼玉古墳群の実体からは大きく隔たり離れてしまうのである。

関氏の考えとは逆に、意図的な屈曲であったとしてみよう。多すぎるほどの屈曲が存在することから、場当たり的だとすることは難しく、初めからの計画の結果とせざるを得ない。

それは何のために大変面倒なことをする価値があったのか。そのまま放っておくわけにはいかず、探求すべきことになろう。

関氏が、多人数が歪みだとして埼玉古墳群に抱くであろう考えを、否定的ではなく肯定的にとらえようとしていることはわかる。だが、その考えは結果として古墳群築造に携わった人々の考えを度外視している。

埼玉古墳群はすでにみてきたように、古墳相互の配置の的確な関係から、個々の古墳や古墳群の形態の特徴を論じる場合に制約されてくると考えなければならない。

「総括Ⅰ」には、図3の1・図3の2のように、埼玉古墳群の古墳の代表点の相互関係を直線で示すべきだったのである。それはいかに高度の技術で、本来造ろうとして計画していたことが、さらに予定通り実行されていたことが了解される。本来意図しなかった歪みの存在を考えること自体に無理があるといわざるをえない。

二子山古墳にみるように、歪みの範囲内などといえたものではなく、意図的な屈曲だったのである。歪みを計画的に表現していたことを認めざるを得ないのである。

埼玉古墳群の歪みを作るには労苦を伴い、その結果できた歪みは不格好になっている。何のためにわざわざそうしたのだろうか。そしてその歪みに、どのような価値づけを与えていたのであろうか。まず埼玉古墳群の根本的な問題として、歪みの多少をどう考えるのか。埼玉古墳群は前方後円墳・円墳・方墳で構成されていることから、最も極端な歪みを考えた場合、それらの本来持つ墳形が成り立たなくなってしまう。

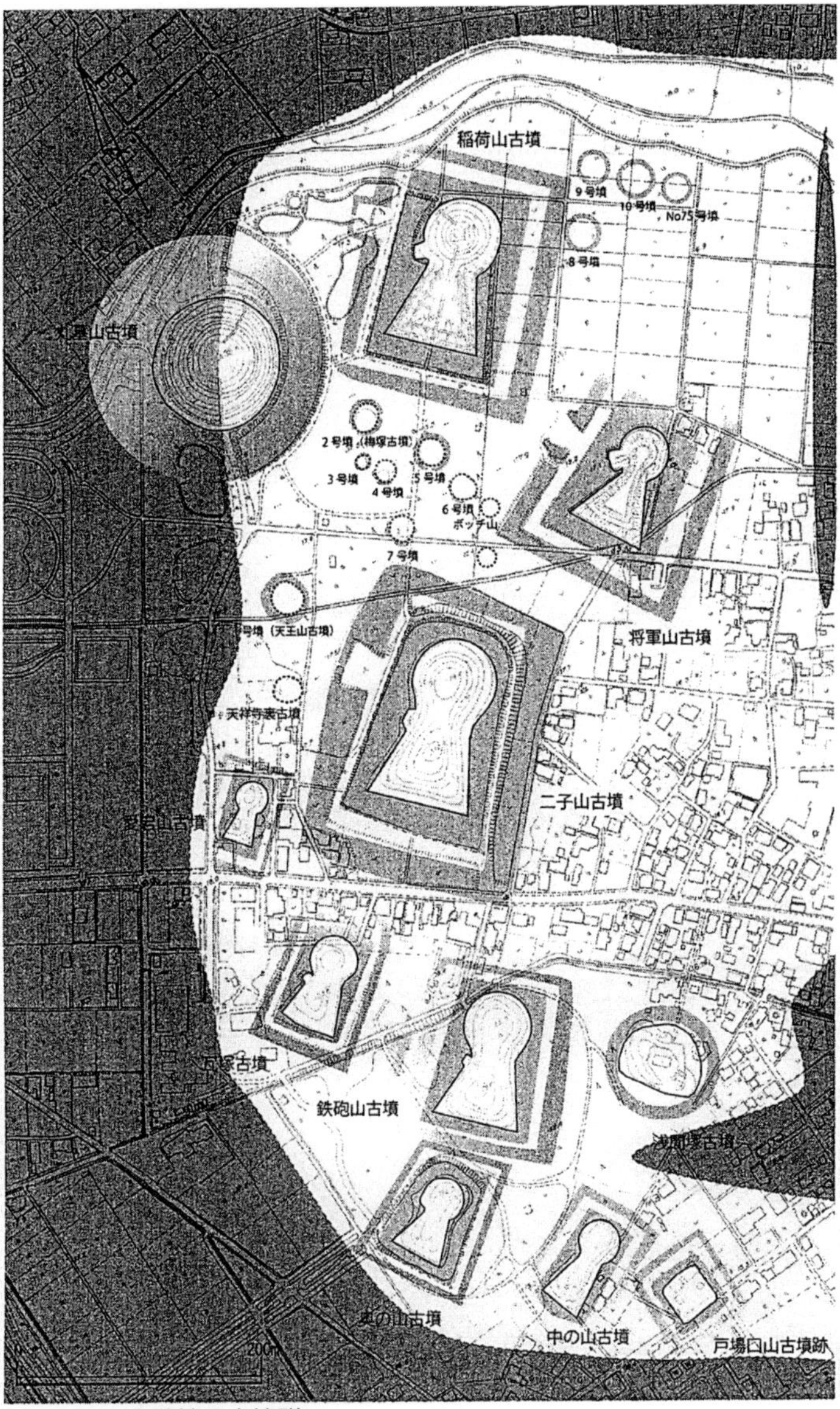

図3の7　史跡埼玉古墳群
さきたま史跡の博物館編『史跡埼玉古墳群総括報告書 1』（埼玉県教育委員会 2018）より引用転載

最も歪みの少ない古墳を見つけて、古墳群内でその古墳がどのような位置づけがなされているのか、確かめてみたい。ところが歪み創作の巧みさから、それは容易ではない。

関氏は、稲荷山古墳の周堀は、外堀外線はほぼ均整のとれた左右対象であると、わざわざ断っている。だが、中堤が歪んでいるため、内堀と外堀の幅が場所によって広狭が存在するといっている。歪みのない古墳が望ましいとしていることがよくわかる。その代表する古墳が稲荷山古墳だとしている。

稲荷山古墳は図3の1にみるように、その後円部の中心点が埼玉古墳群の配置の基準点になっている。いわば埼玉古墳群の最も重要な位置にあるといってよい。

一番歪みの少ない簡素な造形の稲荷山古墳がそうなっている。それは他の古墳から説明すべきことが多いとしても、稲荷山古墳自体はわざわざ説明することが最も少ないということだろう。そう考えると歪みの多い古墳とは、自らが多くの説明責任があるといったらよいのだろうが、苦労して歪みが多く造られるとは、伝えようとすることがそれだけその古墳に多いということにもなろう。そのため複雑な形に、同一古墳型ならばならざるを得ない。

歪みでさえ意思の伝達方法と考えなければならない。古墳間の共通点と相違点は、その意味で真っ先に解読を待っている。

七　徹底した計画

百舌鳥・古市古墳群には個々の古墳には計画があって、完成もあった。だが、古墳群全体の計画性は、連続する同一勢力が想定されないので、(3)なかったと考えられる。

両百舌鳥・古市古墳群は、古墳時代前期～後期にわたって築造されている。結局、古墳を築造する目的や意思がなくなったので築造中止となったのであろう。

ところで、埼玉古墳群はどうか。どうやら、古墳群全体として計画され、築造された可能性が強い。その間接的な判断材料は埼玉古墳群の立地条件である。埼玉古墳群が乗る台地は、現在では荒川と古利根川に挟まれた県北の行田市付近から、県南の川口市までの杏仁《きょうにん》状を呈した独立した台地であり、大宮台地と呼称されている。私の住む北本市は大宮台地の高台に位置し、高尾付近では海抜三二メートルになる。

台地内部は北側から東側にかけて沈降が著しいため、多くの独立した支台に分離している。

埼玉古墳群はこの大宮台地の北端に位置する仮称埼玉台地と呼ばれる小さな独立台地の北端に立地している。その西側に張り出した舌状台地の先端部において、台地縁辺部に並ぶように面した低地部側面を向けて古墳が形成されている。

埼玉古墳群は地形的条件を考慮して計画されたものであり、そこに二子山古墳の東側以外は密集して収まっている。埼玉台地は計画に合致した地形を綿密に選んだことになる。

「総括Ⅰ」は、埼玉古墳群にとって最大の特徴は、幾何学的な配置であることを漏らしている。

複雑で高度の計画を立て、ものの見事に実行し完成したといえる。その実行力に舌を巻いてしまう。『日本書紀』安閑天皇紀には、武蔵国造の座を同族の笠原直《あたい》使主《おみ》と小杵《おき》とが争ったという記述がある。使主はヤマト政権に助力を得て勝利し、小杵は刃向かって敗れた。使主は国造とされ、小杵は誅殺されたとする。

通説に従い、武蔵勢力の墓域は埼玉古墳群とし、勝者使主は前方後円墳の二子山古墳の被葬者とする。敗者小杵の墓は前方後円墳を出来得ず、大円墳の丸墓山古墳である、と若狭徹氏は述べている。(4)

はたして、使主と小杵のように対立した場合に近接する場所に埋葬されるものだろうか。丸墓山古墳は初めから台地から、はみだすことがわかっていても、前方後円墳を計画したものだろうか。前方後円墳ならば愛宕山古墳のように小さくても、丸墓山古墳より上位なのか。丸墓山古墳の葺石は、上毛野の影響のもとに施工したというのなら、稲荷山の礫槨も同様であろうか。次々に疑問が生じてくる。

ところで、埼玉古墳群の南八キロの鴻巣市東三丁目・天神五丁目にある生出塚埴輪窯《おいねづかはにわよう》は埼玉古墳群に埴輪を供給するために操業を開始している。生出塚の表記方法は、生根塚・生出根塚・追根塚、現今の生出塚がある。生出塚の名称は古来より今日に伝えてオイネ塚、またはオキネ塚と呼ぶ。生出塚を小杵の墳墓地として位置づける説(5)がある。

確かに古墳は歴史の反映そのものだと考えたいのは、やまやまである。埼玉古墳群の築造目的は、既に述べたように古墳群全体として伝言したいことを表現するための計画的な築造であって、築造開始後の「武蔵国造の乱」のような飛び入りは全く成り立たない。

埼玉古墳群は、令和元年十一月の国の文化審議会で、国指定史跡から特別史跡にするよう、答申が出された。特別史跡とは「史跡のうち学術上の価値が高く、我が国文化の象徴たるもの」であるという。

註

1　一瀬和夫　二〇一六『百舌鳥・古市古墳群ー東アジアのなかの巨大古墳群』同成社、頁五四～五五
2　1に同じ　頁ⅰ～ⅱ
3　1に同じ　頁五三～六三
4　若狭徹　二〇一七『古代東国1　前方後円墳と東国社会　古墳時代』吉川弘文館　頁一六五～一六六
5　金澤貞次郎　一九三二『鴻巣町史』鴻巣商工会　頁二三七～二三八

四章　天孫降臨後の直線七〇〇キロ
―『記紀』の役割分担について―

一　測量技術と古代日本

古代日本には文献を考古で試すことのできる独特な相似形となる配置法則が存在しており、意思を表現したり伝えているようである。そのために『記』の記述に従えば一〇〇キロを超える直線を測量する技術が存在しなければ理解しがたく、測量には幾何学を伴っていたと考えられる。その箇所を福島正樹氏はどう解するのか。

それは神話表現のみならず広範囲に及ぶため、古代日本の根本的な解明には欠かせないと考えている。漠然とではなく、具体的に実感を伴って古代が理解しやすくなる。

古代日本において列島を「正確に測量する技術が当時存在したのかという疑問を覚えた[1]」と、福島氏から拙文[2]に対してご意見をいただいた。その列島の範囲を「列島全体」とされたのは、いささか勇み足のように思える。

発見こそが重要であって、正直いってそのような意見をあまり予定していなかったことに、私は改めて気づかされた。というのは、いまさらながらこれまでの研究者の研究方法は、文献に忠実に従わず、私とはあまりに異なっていることをはっきりと意識しなければならなくなったからである。

これまでの研究者は『記紀』に述べられている内容が馬鹿らしいと思っても、また大法螺《おおぼら》をふいているぐらいに創作だと気楽に流していたらしいのである。ところが、とりあえず私は『記紀』に記述されている内容に忠実に、より具体的なものにして従ってみようとしてきたのである。

そのため、福島氏の「—疑問を覚えた」というままでは、どのように応えるべきか迷ってしまう。

とりわけ『紀』には多くの直線の素材を前提としなければ説明できないことが多いのであるが、私はそのような考えや方法が間違っているとされるのか、そのうちのある一定以上の長さの直線の存在は当時は無理だとされるのか、そもそも測量技術があるかのように述べている『紀』の記述が間違っているとお考えなのか、と思案している。

この際、福島氏に問いただすよりも、福島氏一人のことではないようであるから、より多くの方々に対して誠意をもって応えなければいけないと思っている。そしてその応えが、今後の多くの方々の研究に寄与する内容になることを願って筆を進めたい。

出雲大社　御本殿・八足門
公益社団法人島根県観光連盟提供

私が『記紀』に従って日本列島状に展開したこれまでの多くの直線のうちで、代表的な一番目と二番目の長さについて説明してみようと思う。一番目は図4の1の「記紀神話の基本形」、二番目は図4の2の「記紀神話の扁平三角形」をご覧いただきたい。一番目とは笠《かさ》沙《さ》岬から天の磐座《いわくら》までの直線約七〇〇キロ、二番目は出雲大社から伊勢神宮の内宮を結ぶ三八〇キロを超える直線である。

二番目の長さの直線については、毎日新聞専門編集委員の佐々木泰三氏が月一回連載中の毎日新聞夕刊の「歴史の鍵穴」で、二〇一四年（平成二六）二月一八日と折しも二〇一六年（平

図４の１　記紀神話の基本形

成二八）九月二一日とに論じられている。もともとその大ざっぱな線なら、平城京の真上を通るとして、半信半疑の古代ミステリーとして語られていたとする。

学術論文としては最初に水林《みずばやし》彪《たけし》氏が一九九一年（平成三）に、『記紀神話と王権の祭り』[3]の中で指摘しているという。私はその新訂版を目にしたが、そこにはアマテラスを祭る社が定まった後に、アマテラスに対置される地として、オオクニヌシの「鎮座の地が、平城京と伊勢とを結ぶ直線を反対方向にのばし、その直線が海に接する地点、すなわち出雲と決定されたのではなかろうか」としている。

そのことについて、伊勢神宮の内宮と出雲大社を結ぶ線は平城京の中央（朱雀《すざく》大路と五条大路の交差点）付近を通る。外宮と出雲大社を結ぶ線は平城京の中枢、内裏《だいり》（天皇の住まい）の直上を通る。三八〇キロ以上も離れた二点をつなぐ直線がほとんど誤差なく平城京・京の中心を通るのは偶然とは考えにくいと、佐々木氏は説明している。

さらに水林氏は二〇〇九年（平成二一）に『国立歴史民俗博物館研究報告』第一五二集に掲載した論文「古代天皇制における出雲関連諸儀式と出雲神話」では、出雲大社―平城宮内裏跡―伊勢外宮がほとんど誤差無く一直線上に並ぶことを確かめた上で、『紀』の神話を現実の世界に描き出す律令天皇制の「祭祀《さいし》演劇空間」として、伊勢神宮に加え、平城宮、出雲大社が同時並行で造営されたと考えた、と佐々木氏はまとめている。

佐々木氏自身も古代日本におけるいくつかの直線を「歴史の鍵穴」に発表し続けている。それも一直線上に三点が存在する場合でもある。

まことに偶然と言うべきであるが、私は「古代日本最大の謎[4]」として出雲大社から伊勢神宮の内宮へ引く直線を、他の関連する直線とからめて記紀神話の説明として一九八九年（平成元）発表している。

まことに恥ずかしいことながら、拙著[5]も一九九〇年（平成二）一二月二〇日に世に問うている。出雲大社と伊勢神宮の内宮ができる直線、その直線上に平城京が存在していることなどを巻末をはじめ表紙に図示している。

じつは平城京をその直線が通ることはあまり重要でなく、むしろその直線にとって、図4の2のように応神天皇の難波大隅宮を通ることに大変な意味があるように思っている。後にその理由について述べるつもりでいる。

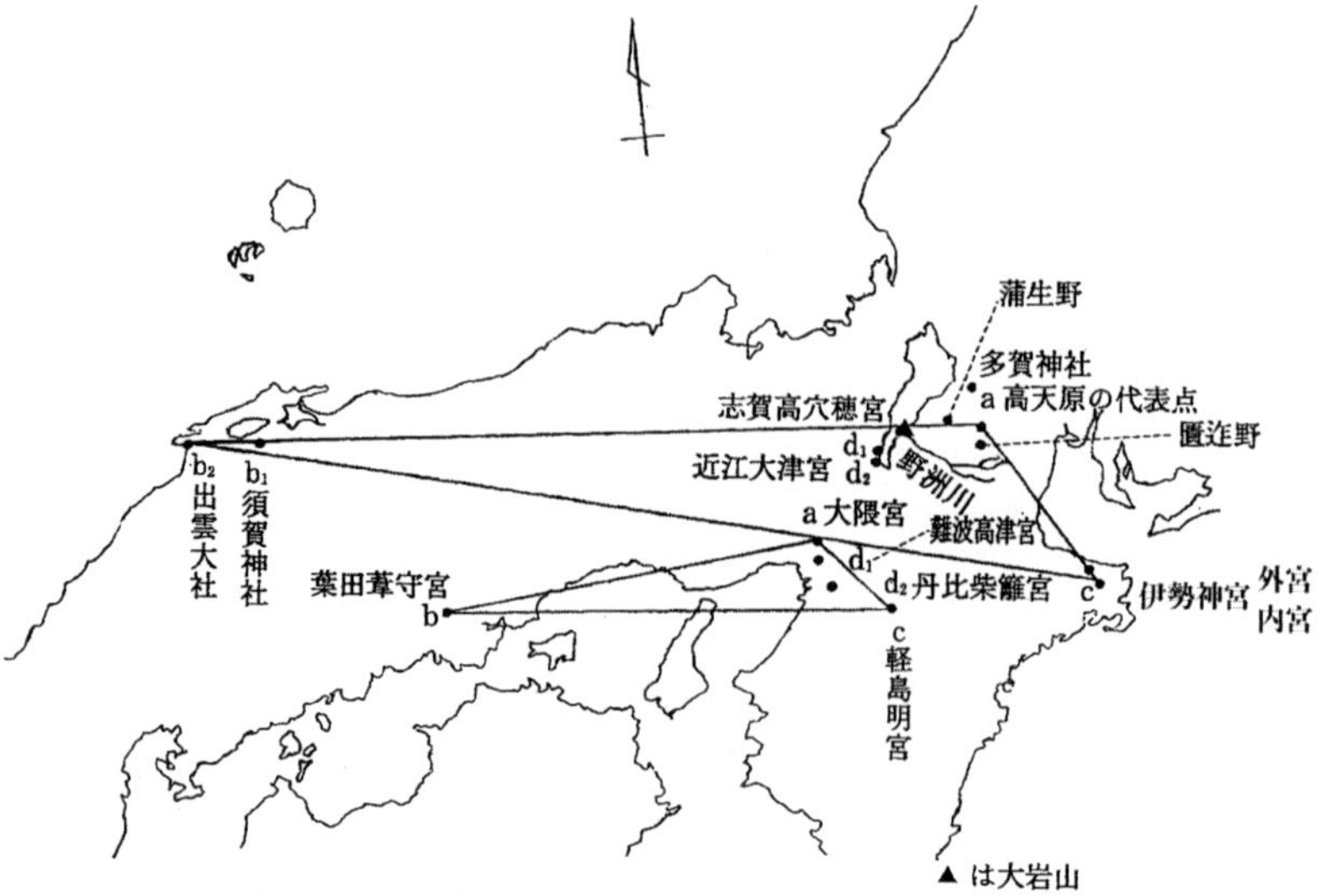

図４の２　記紀神話の扁平三角形

私にはその直線に関して、水林・佐々木両氏の考えには唐突に思えてならない。なにも平城京がなくとも自ずと一直線の存在を私は考えざるをえない。佐々木氏のいう水林氏の学術論文は、括弧書きにあるように「(〈出雲―平城京―伊勢〉はほぼ一直線上に並ぶ)」となっていて、具体的な図さえなく、当初は曖昧の感じのするものであった。

藤原京以後の主な宮都の遷移をみれば、平城京・長岡京・平安京と北向している。この傾向をより具体的に把握しようと思えば、なにか基準になる横の線も見つけようと、私は中学生の頃から思っていた。

それに平城京・伊勢神宮さらには出雲大社と、いとも簡単にいうけれど、およそそれらに直線を実際に引くならば相互位置を知る代表点を考慮しなければならない。それぞれどこに代表点があるのか、できる限り正確に定めなければならない。

平城京の代表点は、平城宮にあり天皇の居所である内裏になる。伊勢神宮内宮の代表点は、正殿にありアマテラスの霊代である八咫鏡の祀られている場所になる。出雲大社の代表点は、本殿のオホクニヌシの鎮座している場所である。

伊勢神宮の外宮がほとんど誤差なく一直線上に並ぶといっても、外宮は出雲大社に対応すべきものではない。明らかに平城京・伊勢神宮の内宮・出雲大社のそれぞれの代表点が一直線上に位置しない以上、問題外のことといわねばならない。

『記紀』の読解により出雲大社と伊勢神宮の内宮との間に直線を考える場合、平城京をまったく問題にしないで、私はその直線を求めている。平城京を基準にそもそもこの直線を考えるべきではないのである。

さらには伊勢神宮の内宮と出雲大社のそれぞれの代表点は、それだけの代表ではないのである。そこからもう一つの、全体を統括する別の代表点を探し求めなければならない。

二　宮都配置の決まり

古代日本において列島を測量する技術が当時存在していたとする。そのような判断に私が至った過程を述べてみる。その過程に根本的な疑問ないし誤りがないかを検討していただきたい。

まず古代の歴代天皇の宮居に注目しなければならない。『記』はすべての天皇の宮名を伝えるのに、『紀』は成務と允恭の宮の記載を欠く。『記』は一代に一宮を記述するのに対し、編年体の『紀』は遷居した宮を年次にかけて記録している。

これから宮都という言葉を使用する場合、天皇の住まいや官庁の段階（宮城）、官人をはじめ民衆の居住区が加わる段階（都あるいは京）、さらに天皇の行幸時に設営される御所（行宮《かりみや》）を含めることとする。

『記紀』を一読してみて、宮都の記述の違いほど心に残るものはない。『記』のオホクニヌシに関する稲羽の素兎《しろうさぎ》、根の堅州国訪問、ヌナカワヒメへの求婚など多くの記述が『紀』にはないのだが、私にとってそれより強烈だった。

宮都の記述の違いは、何か途方もない目的をもっているに違いないと考えた。『記』は一代一宮を記述の原則にしているなどといって、とてもではないがすましてはいられない。『紀』は一代で数度遷っている場合の方が多いのである。

当然のことながらこれまで遷都の理由が考えられてきた。(6) 私なりにその事実にせまるべく、宮都の相互間の配置の傾向は何かないのか調べてみた。

地図上に大雑把に宮都を点として、宮都間相互の関係をわかりやすくするために直線を引いた。その結果、大小はまったく異なるが、ほぼ相似形の扁平三角形になる配置が繰り返していることに気づいた。配置順は一定でないが、扁平角は約一二五度、鋭角は約一〇度、中間角は約四五度になる。

それが日本列島上にたくさん展開されていた。驚くことに斉明天皇はたった七年そこそこの間に、三度も扁平三角形の配置を完成している。斉明天皇は効率よく、それを九つの宮都ですませている。(7) なぜ、そのような宮都配置の特徴にこれまで気づくことがなかったのであろうか。それはすべての宮都が斉明天皇のようにわかりやすくなっていないからである。

一代で宮都が四つ以上になると扁平三角形の配置に参加しないものがある。それは扁平三角形の配置の内部か、近くの外部ということになり、その位置の傾向は捉えにくいほどの多岐にわたっている。

多くの歴代天皇の宮都配置がほぼ相似形の配置を繰り返すということは、遠く離れた扁平三角形の三点をほぼ正確に定められたことになる。それは古代日本において高度の測量技術の存在なしに、何か別の方法があったとするのは無理であろう。

そのような測量技術が具体的にどのようにして、いつ頃から存在したのか、これから研究をなさなければならないことになる。測量技術の程度としては、図4の1に登場する最長の直線について述べることにする。

斉明天皇の宮都の図4の3と図4の4をみてほしい。当時の地形復元図によればよいのだが、全体に及ぶそのようなものは存在しない。それゆえ現在の地図に基づいている。

図4の3の点a(8)の朝倉　橘　廣庭《あさくらのたちばなのひろにわ》宮、点bの石湯《いわゆ》行宮、点cの磐瀬《いわせ》行宮で形成される扁平三角形になる配置と、点aの両槻《ふたつき》宮、点bの難波宮、点cの吉野宮で形成される扁平三角形になる配置を比べてほしい。当時の測量技術を考えた場合、近いものほど狂いが少なく実際は正確に測量できたであろうことはいうまでもない。

ところが、現在の地図で具体的にどこになるかを定める場合、例えば難波宮はどこかと考えるのであるが、可能性のある広大な面積のなかから、点としてとにかく定めなければならない。当たるも八卦当たらぬも八卦、一定の範囲から、えいと一点を決めるようなものである。

その場合、地点がはっきりしない小さな三角形は相対的に誤差が生じやすい。大きな三角形は原則

図4の3　斉明天皇の遷都

的な扁平三角形になりやすい。

斉明天皇の宮都には、図4の4のように点aの両槻宮、点bの難波宮、点cの吉野宮で形成される扁平三角形の中に、かろうじて点aの飛鳥板蓋宮、点bの後《のち》飛鳥岡本宮、点cの飛鳥川原宮で形成される扁平三角形がある。図4の3では小さすぎて表現すらできない。

そのためか、出雲大社と伊勢神宮の内宮に引かれた直線を考えるうえで、最も適する扁平三角形が存在している。それは応神天皇の宮都である（図4の2参照）。

応神天皇が即位後にかかわる宮都[9]は、応神一九年一〇月一日に吉野宮へ臨幸、二二年三月五日に難波大隅宮に滞在、同年九月一〇日に葉田葦守に移って滞在、四一年二月一五日に軽島明宮で崩御している。一説に難波大隅宮で崩御したとする。

吉野宮については、奈良県吉野郡吉野町宮

滝に七世紀の建物遺跡が発見されている。五世紀までさかのぼる宮殿遺跡は発見されていない（図4の3・4の4参照）。

吉野宮はその位置から応神天皇の扁平三角形の配置には参加してない。後述するが、読者は都配置の問題として試されているようである。

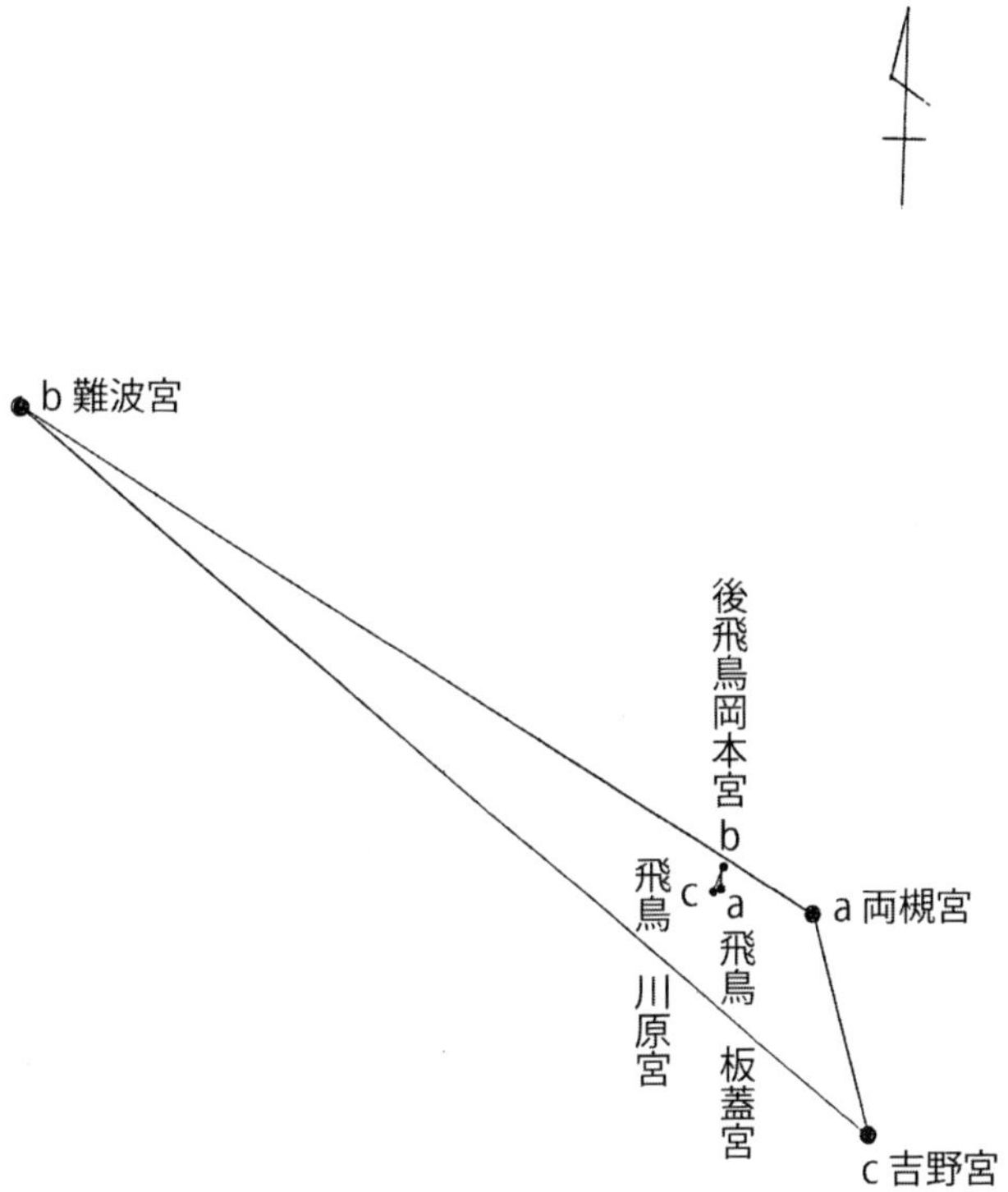

図4の4　斉明天皇の宮都

難波大隅宮は「安閑紀」にみえる大隅島にあったと森浩一氏は考えている。大阪府東淀区大桐《だいどう》五丁目の大隅神社を含む東西約三キロ（南北はもう少し長いか）の範囲が古代大隅島だったという。

京都府京田辺市大住《おおすみ》もあるが、難波の大隅島も隼人とのかかわりの土地と、森氏はみている。水上交通の要地であり、明治十八年（一八八五）夏の大洪水にも水没しなかった[10]というから、古代には高台の水に囲まれた別天地の感があったのであろう。

葉田葦守宮の葉田は、岡山県総社市東部か。葦守は『和名抄』の「備中国賀夜郡足守郷」で岡山市足守町が考えられる。

軽島明宮は奈良県橿原市大軽町付近とされている。島の場所は未詳で、「明」も地名としては未詳である。

一説のように応神天皇の崩御が軽島明宮ではなく、難波大隅宮とすると、軽島明宮は関係なく吉野宮を加えなければならなくなる。しかしながらa点は難波大隅宮、b点は葉田足守宮であることから、吉野宮では原則的な配置からはずれてしまう。

c点を軽島明宮とすると、原則的な扁平三角形の配置になる。応神天皇の宮都配置は宮都配置の注意すべき問題を示している。

この宮都配置で注目すべきは、その扁平三角形内に子の仁徳天皇の難波高津宮と孫の反正天皇の丹比柴籬宮《たじひしばかきのみや》が入っていることである。難波高津宮も丹比柴籬宮も応神天皇の配置を意識した特別な並べ方のようだ。

気をつけねばならないことは、応神天皇の宮都の代表点も個々には正しいといえるものではないが、総合的に判断すると相対的にはかなり正しいものができあがっているらしいことに気づく。

記紀神話	高天原型	出雲型		伊勢型	宮都型	日向型
	A	B		C	D	E
	高天原	出雲		伊勢	大和	日向
	a 天の磐座	b_1 須賀神社 スサノヲ	b_2 出雲大社 オホクニヌシ	c 伊勢神宮の内宮 アマテラス	d 橿原宮 神武天皇	e 高千穂宮 ホノニニギ
	原初的な記紀神話	日本書紀本文	日本書紀一書	古事記		
記紀の文体		α群	β群	漢化和文		
応神天皇の宮都	難波大隅宮	葉田葦守宮		軽島明宮	難波高津宮 丹比柴籬宮	
埼玉古墳群	稲荷山古墳	丸墓山古墳	愛宕山古墳 瓦塚古墳	将軍山古墳		奥の山古墳
向野田古墳	内行花文鏡	方格規矩鳥文鏡	車輪石	鳥獣鏡	被葬者の頭	被葬者の かかと

表1　記紀神話関係の位置・形態分類

その結果として、出雲大社と伊勢神宮の内宮に引く直線上に難波大隅宮が位置している。
これは何をいおうとしているのか。それが何に発展していくのかを探す心構えが読者に要求されているように感じる。

三　高天原の代表点

応神天皇の扁平三角形の葉田葦守宮と軽島明宮の間の底辺の直線と、出雲大社と伊勢神宮との間の直線は、読んだだけでは、もしかしたら平行線であるのかと思うほどである。実際に試してみると平行線になっていないことがわかる。

葉田葦守宮と軽島明宮で形成する直線と、出雲大社と伊勢神宮の内宮で形成する直線は、どちらも西の配置が早い。やはり両線の関係は気になってくる。

面白いことに、応神天皇の宮都配置の鋭角の部分は約一〇度であるが、スサノヲを祭る須賀神社と出雲大社、伊勢神宮の内宮で形成される角度、すなわち図4の2の角b_1、b_2、cは同じく一〇度になる。これは出雲大社と伊勢神宮の内宮に正確な直線の引けた傍証になっているように思える。

須賀神社は島根県雲南市須賀になる。実際は三一キロほどもあるのだが、図4の2を見る限り、出雲大社と須賀神社を結ぶ直線は気になるほど短い。さらにそれを延長してどこかで何かに当たるかのように感じる。

そのまま落ち着き無くだらだらと須賀神社の先へ直線を延ばしておくのも気になる。伊勢神宮の内宮側には『紀』の神話をみるかぎり、出雲大社側の須賀神社に相当するものはない。

そこで応神天皇の宮都配置ととりあえず相似形にすべく、出雲大社・伊勢神宮の内宮と想定したい点でできる角度を四五度とする。その四五度の直線を延長し、一〇度の直線も延長すると図4の1のように交点ができる。

はたして、その点が意味あるものとして存在するのか。さらには、想定したい点は何の代表点になるのか。不明だが仮に定めることとする。その位置をまじまじと見つめて考えてみなければならない。

応神天皇の宮都配置で、扁平角に位置する難波大隅宮はだてに大隅ではない。鹿児島県大隅半島付近の出身であることを意味しているのかもしれない。

交点は難波大隅宮と同様に出雲大社より早くから存在し、伊勢神宮の内宮と出雲大社に対応するものの代表点ということになる。その場所は今日の滋賀県にあたり、琵琶湖の東になる。時代は神代であり、近江国というよりも近江というほうが実感がでる。

記紀神話では近江をどのように説明できるのであろうか。アマテラスとスサノヲは天安河をはさんで誓約《うけい》をしている。今も近江には野洲川が流れている。野洲川の「野洲」は、古くは「安」と記されていた。

神話中にあらわれる神名と一致する地名がある。誓約の際に生まれた神々に天津彦根命《あまつひこねのみこと》と活津《いくつ》彦根命の名がみえる。近江に彦根の地名がある。

この二柱の神は『紀』一書第二を除き珠が元となっていたので、剣を元となって生まれた九州の宗像三女神とは異なり、比重も軽く噛み砕いても元が玉状であったことから狐をえがきやすく、遠くへは飛べなかったようである。そのまま高天原の真下に近い地上に降りたと考えられる。

さらにイザナキとイザナミを祭る多賀大社が滋賀県犬上郡多賀町にある。神話全体の奥の院のおもむきを感じる。

このようにみてくると、探し求めていているものとは高天原であり、交点はその代表点ということになろう。高天原はただ天あるいは天上という表現とは異なり、天上ではあるがより具体的に特定の範囲の天上を考えているように思える。

高天原には山・川・家・井戸・営田《つくりた》がある。そこでは稲作が行われ、機《はた》が織られ、馬が飼われ、鶏が鳴き、鍛冶の音がする。天の石屋《いわや》があり、天の磐座もある。

高天原は天上に想定されたものであるが、相当な広範囲の天上を考えなければならない。これまで考えてきた宮都の広さとは異なっている。高天原に対応するのは出雲大社や伊勢神宮の内宮ではなく、神話上の出雲や伊勢ということになろう。

神話でいう出雲の代表点が出雲大社の代表点であり、伊勢の代表点が伊勢神宮の内宮の代表点ということになる。問題は、間違いなく高天原の代表点が仮りに求めた交点であることが実証されて、それが高天原のうちのなにに該当することになるのであろうか。

できればこのまま『紀』で説明したいのだが、記述がなく、どうやらそれは無理なようである。『記』ではどうかということになる。

四　『記紀』の分担

これまでみてきた扁平三角形の配置は宮都だけでなく、古墳の棺内や古墳群などにも存在している。宮都の扁平三角形になっている配置に関する記述は、もっぱら『紀』かもしれないが、その確かな理由はなにかあるのであろうか。

『記』は『紀』と比べ、少ない分量で述べようとしているから、『紀』のように宮都名をたくさん述べられないといえようか。それがかならずしも正しくないことは、『紀』よりも『記』のほうがたくさん述べていることもある。

神代巻に登場する個別神の数にかなりのひらきがある。『記』は二六七神登場するが、『紀』においては本文に六六神、本文の神以外は「一書」に一一五神（計一八一神）となる。そのうちで『記』にみえる神は一一二神であって、他の六九神は『記』に記されていない[11]という。

神名数の多い『記』はより複雑で、少ない『紀』はより単純だともいえる。だが一書のない『記』と一書の多い『紀』とを比べてみれば、逆になっている。

そうはいうものの神名数の多さを由緒あるという価値観に置き換えれば、まさに『記』はより由緒があることになり、『紀』の神名数の少なさはあまり由緒がないといえる。こう述べると何とも取り留めがないと感じるかもしれない。

これまで「記紀」「記紀神話」という述語が端的に示すように、共通の一つの基盤に立つものとして『記』・『紀』はとらえられてきた。一つの神話として伝えてきたとされている。

ところが、神野志隆光氏のように、『記』・『紀』をそれぞれ別の作品としてとらえようとする考えがある。断片的な、あるいは個別的な伝承はあったかもしれないが、まとまりをもち『記』『紀』という具体的なかたちを取ったとする。『記』『紀』を通じて元来の伝承のすがたをうかがうことなどできない[12]という。

これまでの研究者にせよ、神野志氏の考えにせよ、ありえたかもしれない伝承にこだわりすぎているように思える。『記』『紀』はともに共通の一つの基盤に立つと考えられやすい内容にかかわらず、ほぼ同じ勢力により同じ頃に両書をつくった考えが当時は間違いなく存在していたことをあまり意識してない。

神野志氏の『紀』の一書は注であり、あくまで本文が中心[13]だとする考えだけでは、本文の理解にはならず、その内容の多さには編纂者は意欲などなくして辟易《へきえき》としてしまうのではないかと思う。『記』の内容に近い一書が本文に比べ多いのも説明できにくい。

どうやら『記紀』はそれぞれの役目を分担しているらしい。分担の特徴を正確に後世に伝えようとするのが、『記紀』編纂の第一目的といえるかもしれない。

『記紀』は綿密な連絡を編纂時にとりあっていて、時には両書の特定部分を合成すると今までまったくわからなかったことを解明できるようである。それには両書の違いに敏感に反応しなければならない。

上田正昭氏も『記紀』とは書かない[14]というが、『記』は『紀』を、『紀』は『記』を絶えず意識しなければならない。『記紀』は、これまでみてきた扁平三角形の配置の鋭角に配置するBと中間角に位

置するCに特徴が共通している。とりわけ記紀神話ははっきりしていて、『紀』は出雲型B、『記』は伊勢型Cといえる。(15)

これは高天原型Aから『記』と『紀』の神話は派生したという考えに基づいている。この場合、高天原型Aとは『記紀』の神話に対して原初的な神話という意味になる。

高天原型Aに対して、より近い内容は伊勢型Cになる『記』の神話である。より正しくないとする内容が出雲型Bになる『紀』の神話である。高天原型Aにとって伊勢型Cは出雲型Bに対して上位ということになる。

出雲型Bには二区分されている場合があり、『紀』の神話の本文と一書はまさにそうなっている。一見しただけで本文はスサノヲ型B_1、一書はオホクニヌシ型B_2となっている。配置位置や順番、単数か複数かによってそれはわかる（表1参照）。

ところが、『紀』の本文と一書の内容が一定の関係ではなくて、記紀神話全体の価値付けを難しくしている。本文が早い順番に記述され単数でB_1とするのはよいとしても、一書が後の順で複数でB_2とするのはよいとしても、その内容がそれぞれに相応しくない場合がある。

この判断は『記』の神話Cに基づいて判断できる。多くの出雲型が二区分の場合、Cに近い内容はB_2であってB_1は最も異なっているようだ。

B_1の内容よりも、複数存在するB_2の内容がすべてCに近ければ問題がない。B_2の中で一つでもCに近い内容の時に、他はどう扱うのかという問題も生じよう。

『紀』の神話の各段は本文の方がCに近い内容である場合が結構多い。このことはこれまで『記』

の内容に近いものが、『紀』の本文よりも一書に多いといわれてきた[16]。

ようするに『紀』の各段のそれぞれの本文と一書の内容からの取り扱いが難しく、さらに『記』もからめれば目も当てられなくなってしまう。『記』の神話、『紀』の本文と一書の神話を相対的に一つの図中に書き込むことが、具体的に可能かどうかということになる。

その位置づけは何に基づけばよいのあろうか。記紀神話は造形により伝承され続けてきたので、それに従えれば従うことである。後にその原初的な記紀神話にふれてみようと考えている。

その前に、そのための訓練として記紀神話関係の基本を特徴や価値で表現し直した具体例を表2に示してみよう。なお、出雲型は個々の事例では二分類できても、かならずしも二分類になっていない場合も多い。

『記紀』の研究をする場合、まず何を基準にした価値観で編纂されているのかを知ることが重要になる。そのためには自分の好みや史的事実と思えることに従順であってはならない。

高天原型	出雲型	伊勢型	宮都型（地上支配型）
A	B（B_1・B_2）	C	D
天・別天地	地	Aに類似・Bと対比	CよりAに類似
高い・大きい	大きい・目立つ	小さい・目立たない	
基準・視点	不安定	安定的	
原初的・早い	古い	新しい・古い	
円・曲線	四角・直線	円・曲線	
完璧	複雑・わかりにくい	単純・わかりやすい	
	異質・中国語	一般的・日本語	
	不完全・不完璧	完全・完璧	
	劣る	優る	
	不統一	伝統的・由緒ある	
	未整理	整理	
	いびつ		

表2　記紀神話関連の見分け方

実際に『紀』は六国史であるという考えが、どれほど研究を妨げていることか。六国史とは奈良・平安時代に律令国家により編集された六つの正史の総称であり、『記』は含まれない。どれも中国の史書にならった漢文の史書で、編年体の叙述形式をとる。神代から仁和三年（八八七）までの記録で、その最初が『紀』である。

『記紀』の文体は意図的に異なっている。『記』は、漢文の語法を部分的に借用した和化漢文といわれている。だがそれは漢字文であっても、日本語の文章である。森博達《もりひろみち》氏は、一定の和訓の得られる文章を和化漢文から分出させて、「漢化和文」と呼びたい[17]という。一方、『紀』は漢文、すなわち中国語で書かれている。

『記紀』のうちでは、どの文体が優っているとしているのであろうか。高天原的といってもよいのかもしれない文体、原初的な日本を基準にすれば、近いのは『記』の文体ということになる。

森氏は『紀』全三〇巻の各巻の漢字の音韻や語法を分析した結果、渡来中国人が著したα群と日本人が書き継いだβ群に二分類し、どちらにしても属さないのを一巻とした。

α群では、単一の字音体系に基づいて仮名が表記されている。七世紀後半から八世紀初頭の唐代北方音に全面的に基づき、原音によって表記されている。

β群では、倭音（漢音・呉音に対して日本的に変化した慣用音）に基づく仮名が数多く、漢音系のみならず呉音（古く中国の南方系の音の伝来したもの）系の仮名も用いられている。複数の字音体系に基づく仮名が混在している。神代二巻はβ群で、α群より成立が遅い。

α群の述作者は、正格漢文で綴ることができ、唐朝の正音（標準音）に通暁している。水はミツ、枝をエタと聞きなし、また妻を「妹《いも》」と呼ぶ日本の習慣も知らなかった。また潤色・加筆は正格漢文に通熟していなかったという。

β群の撰述者は、中国原音としての正音（唐代北方音）に暗かった。だが、その結果として、人材が不足していたとはかならずしもならない。はじめからそれは計画的であり目的に沿ったものであるといえる。β群はB_2にあたり、α群のB_1と比べ、『記』の表記、すなわちCに近づけなければならなかったことになる（表1・2参照）。

気をつけなければならないのは、β群には複数の字音体系に基づく仮名が混在していることである。複雑ではなく当時の日本では一般的であり慣れ親しんでおり、α群より読みやすかった思われる。

このように『記紀』は役割分担をしている。内容においても、それぞれ単独に読んで不自然に感じる箇所には気をつけなければならない。

『記』のホノニニギの降臨直前に、「登由宇気神《とゆうきのかみ》、これは外宮の渡相《わたらい》に鎮座する神である」とみえる。この段階にここだけに「外宮」が登場することに違和感を覚える。その前には「佐久々斯侶《さくくしろ》伊須受能宮《いすずのみや》を拝み祭りき」となっている伊須受宮とは伊勢神宮の内宮であることから、内宮と外宮の関係を喚起させる意図があるように思える。

三重県伊勢市宇治館の内宮から北西の方角約五キロ離れて、伊勢市豊川町に外宮はある。アマテラスの祭られている位置に対し、なぜトヨウケの祭られている位置はそうなっているのかと問いかけている。

そもそもトヨウケが外宮に祭られた理由として、『記紀』には記述はないが、『止由気宮《とよけぐう》儀式帳』で、雄略天皇の時代にアマテラスが御饌神《みけつかみ》として丹後国からトヨウケを呼んだことになっている。なぜかトヨウケは内宮に相殿神や別宮として鎮座したのではなく、少し離れた土地に大規模に祭られている。

表1を参照するとわかるが、伊勢型Cには外宮に相当すると思えるものの例の他はない。そのため表には正式に記入できない。

ただ容易に察しがつくのは、外宮は内宮の位置を基準にしているであろうということである。そして編纂者は直接述べたくないことを、察するように願っているようである。

そのようなことは今となっては、まことに編纂者の得手勝手のように思うかもしれない。日本人である以上、それがわかって納得する箇所であって、多少ともそのような方法を理解する心を今でも持ち合わせているように私は思いたい。

どうやら『記紀』に登場するスサノヲの須賀《すが》（清地）宮と同様の役割を外宮は負っているらしい。すなわち内宮から外宮に引く直線をさらに延長させると高天原の代表点の真下の地上に行き当たるようである。

この直線は出雲大社と伊勢神宮の内宮でできる直線と内角四五度で交じり合う。記紀神話の扁平三角形の頂点が想定されている可能性が極めて強いことになる。

地上に投影した高天原の代表点の場所が定まり、天上においてそこは何なのか、『記紀』から読み解くことが可能らしい。『記紀』の分担として考えれば、『記』は扁平三角形の宮都配置について触れていないために、『記』の分担としているのであろう。

五　向野田古墳の天孫降臨図

記紀神話は長い間、伝えられてきたものである。その伝承手段として造形によっているため、客観的に徹している。

長く続いた造形表現と漢字という文字で表現しなおした記紀神話を比べてみて、後者がまさっているとは思えない。また神話という性質上、文字ではばかるものもなく微妙なことを正確に表現しつくしたとは、とうてい考えられない。

運良く残されていた造形の記紀神話は、それが小さなものであれば記紀神話の設計図と思ってもよいほどである。正確を期して記紀神話の伝承には幾何を伴っている。

その幾何学的表現を日本列島の最大になると思える場所に拡大したものが、記紀神話なのである。その相互の距離が長すぎて当時の測量技術に堪えなければ、『記紀』に述べる神話は成り立ちえなかったと考えられる。

造形の記紀神話には、優れた具体例が存在している。私の拙い『記紀』の解釈よりも手っ取り早く、それを紹介してしまったほうがよいのではないかということになる。

半信半疑という言葉があるが、これから述べようとすることは、あるいは二五％は信じられ七五％は疑うことになりかねない。それは『記』の解釈なのだが、『記』の文字面だけでは納得してもらえない恐れがあるため、先に造形の記紀神話にふれてみようと思う。

文字の記紀神話に直接つながり、ただ拡大すればよいようなものは古墳時代に現れる。記紀神話図

としては巨大すぎるのだが、私はすでに埼玉県行田市埼玉の埼玉古墳群を紹介している。[18]（表1参照）
記紀神話図は神話を図にする以上は神話のどの場面ということが問題になる。そこにはわかりやすくするための特別な表現がなされているので注意してほしい。
ところが、だれにもわかりやすいようにしたため埼玉古墳群はそのような表現はあまり感じられず、記紀神話をまんべんなく表現しているようである。それは題名をつければ、まさに記紀神話図なのである。
私がここで問題にしなければならないのは、記紀神話図であることはいうまでもないが、そのうちの特に天孫降臨図である。天孫降臨を強調した図ということになる。そこには天孫降臨後に、その経路をなぜふりかえるかの内容になるのかのヒントがあるにちがいない。

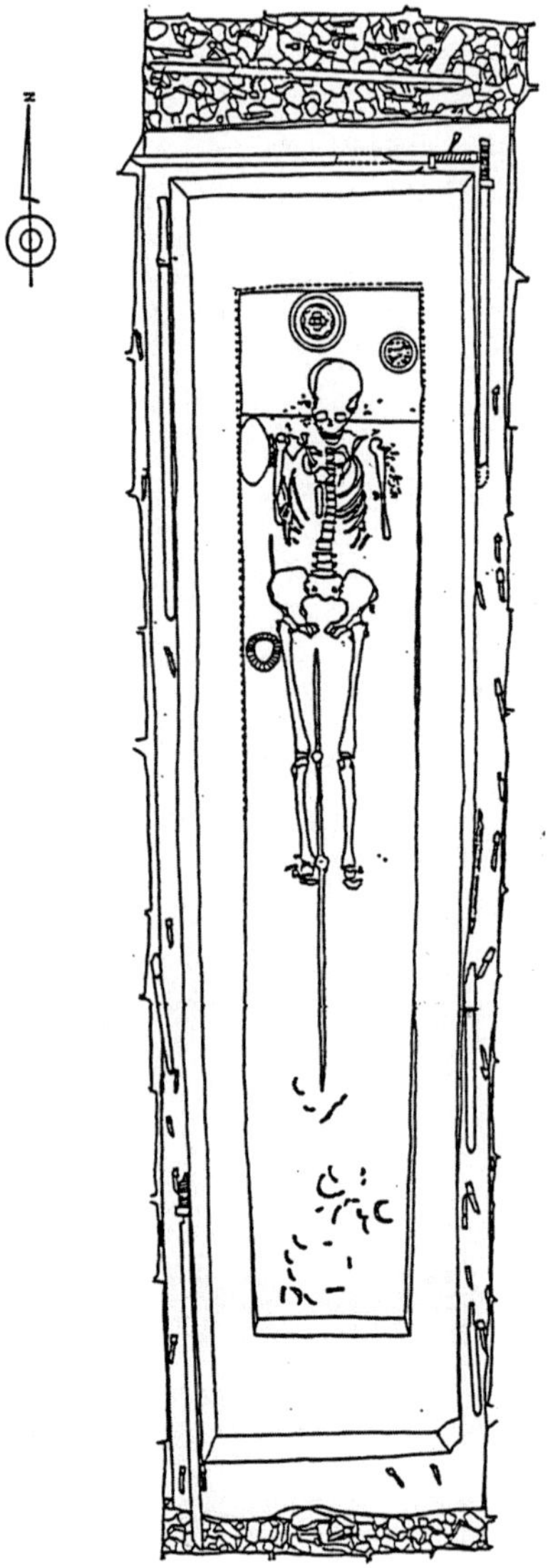

図4の5　向野田古墳の石棺内
富樫卯三郎『向野田古墳 宇土市埋蔵文化財調査報告書 第2集』（熊本県宇土市教育委員会 1978）第13図（上段）棺内・棺外遺物配置状態より引用転載

昭和四二年（一九六七）に発掘調査された熊本県宇土市松山町字向野田の向野田古墳[19]は特に適例である。向野田古墳は五世紀代の全長八九メートルの前方後円墳で、その後円部の阿蘇溶結凝灰岩製の石棺内に天孫降臨図は存在していた。

図4の5は、棺内の三面の鏡と車輪石などと、仰臥《ぎょうが》伸展の三〇代後半の女性の単独層より構成されている。天孫降臨の場面に遭遇したかのような思いに、私はかられる。

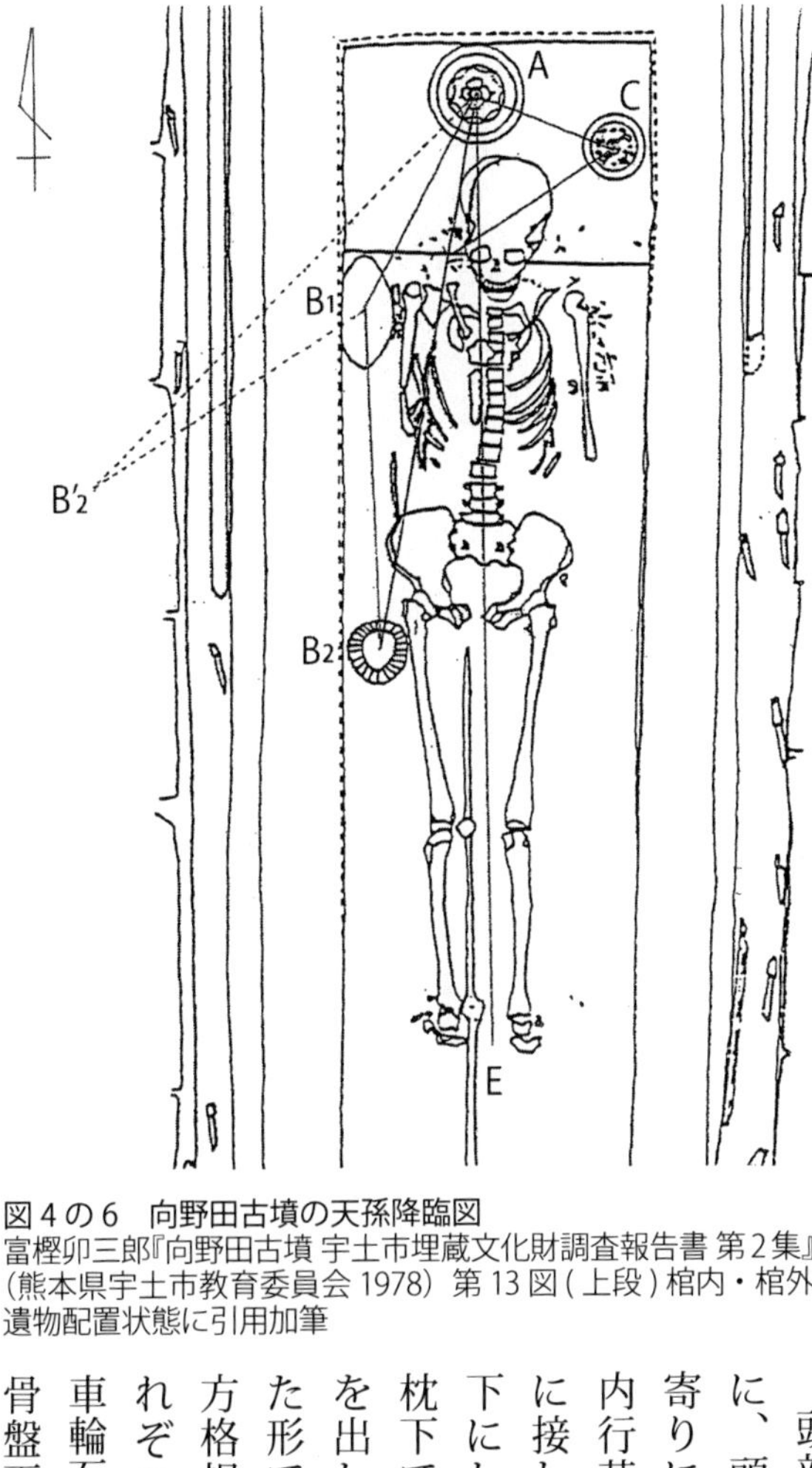

図4の6　向野田古墳の天孫降臨図
富樫卯三郎『向野田古墳 宇土市埋蔵文化財調査報告書 第2集』（熊本県宇土市教育委員会 1978）第13図（上段）棺内・棺外遺物配置状態に引用加筆

頭部をのせた石枕上に、頭部すぐうしろ西寄りに鏡面を下にした内行花文鏡、東側内壁に接して同じく鏡面を下にした鳥獣鏡、西側枕下で西側内壁に鏡面を出し斜めに立てかけた形で顎《あご》の方に向いた方格規矩鳥文鏡が、それぞれ置かれていた。車輪石は右大腿骨上端、骨盤下方に当たり、大

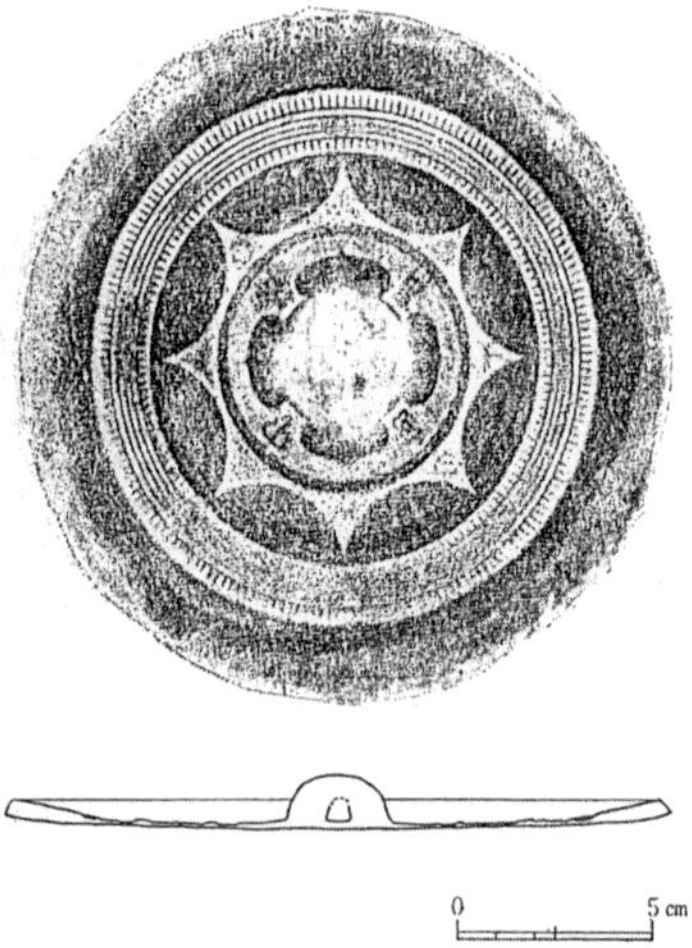

図４の７　内行花文鏡
富樫卯三郎『向野田古墳 宇土市埋蔵文化財調査報告書 第２集』（熊本県宇土市教育委員会 1978）より引用転載

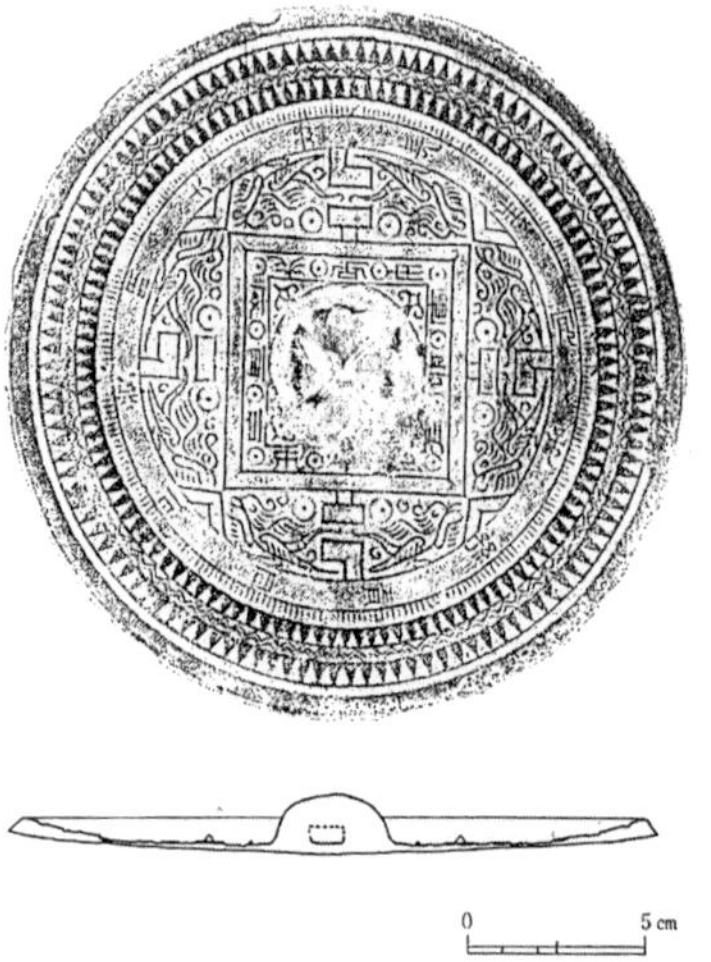

図４の８　方格規矩鏡
富樫卯三郎『向野田古墳 宇土市埋蔵文化財調査報告書 第２集』（熊本県宇土市教育委員会 1978）より引用転載

腿骨と棺内壁の間にやや卵形の長径に対し、両端のうち幅広い方を北にして、表をみせ、歪んだ形でなく、見出された。

相互の配置場所や大きさの関係から、内行花文鏡は高天原型Ａ、方格規矩鳥文鏡は出雲型Ｂのうちのスサノヲ型B_1、車輪石は出雲型Ｂのうちのオホクニヌシ型B_2、鳥獣鏡は伊勢型Ｃになる。被葬者の頭蓋骨は地上支配型あるいは宮都型Ｄといえるかもしれない。

扁平三角形の扁平角の部分を正確に折り畳んだ配置になっている。図４の６のように基本的な配置の三角形 $a\ b'_2\ c$ に戻すことができる。折り畳んで狭い石棺内に納まるよう工夫している。

内行花文鏡は漢鏡のうちで代表的なものの一つ。図文は純然たる幾何学的図形で、図像分を全く含まない。内区に半円弧形を連環状にめぐらしたものを主とし、それを花弁を内向きに連ねたものと解して、この鏡名となった。

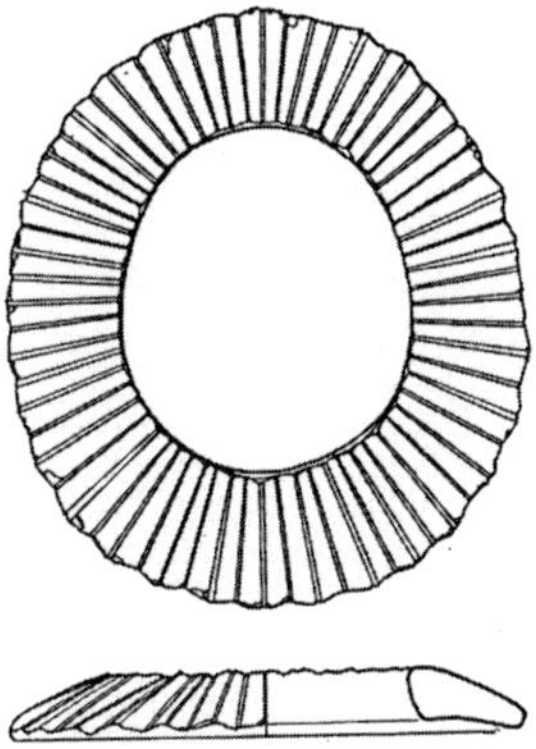

図４の９　車輪石
富樫卯三郎『向野田古墳 宇土市埋蔵文化財調査報告書 第２集』（熊本県宇土市教育委員会 1978）より引用転載

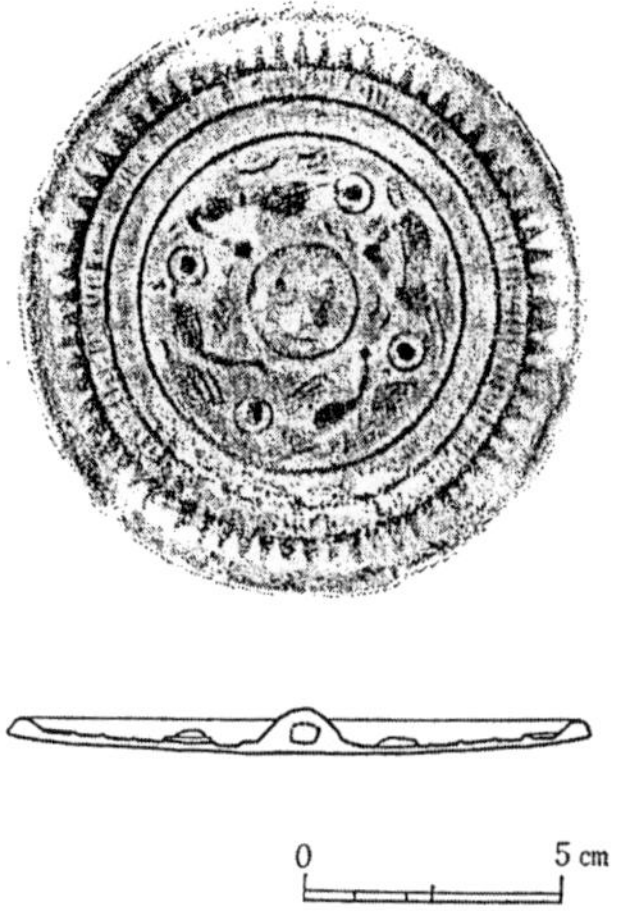

図４の10　鳥獣鏡
富樫卯三郎『向野田古墳 宇土市埋蔵文化財調査報告書 第２集』（熊本県宇土市教育委員会 1978）より引用転載

円形の多いこの鏡は、天を文様化したものと考えられている。鏡面を下にしていることから、安定した配置になっている。

方格規矩鳥文鏡は、漢鏡のうちで内区の図文が鈕《つまみ》をめぐる大地を象った方形格と、その各辺中央にでたT字型、それに相対するL字型、方格の各角に相対するV字形を主とし、その間に祥鳥を細線で描いている。

天円地方を象った鏡の円い形と中央の方格の間に、それをつなぐ柱梁を象徴する内区のT形文がある。その鏡を斜めに立て掛けてあることに、何度も倒れた出雲大社を思い出す。

車輪石は、弥生時代に用いられたカサガイの貝輪を碧玉岩に写し作られたもので、表面にカサガイの肋条《ろくじょう》が形式化して放射状に彫られている。孔の径六センチで腕を通すのには困難で実用品ではなく、宝器的な正確のものと解される。

鏡面を下にした鳥獣鏡は、鋸歯文帯・櫛歯文帯・円圏座乳のあるところは方格矩鳥文鳥と同じ。鳥形線文に対して、鳥獣が見える。決定的に異なるのは、方格やTLV文のないところである。

出雲型Bが二つの要素に分かれている場合、気をつけなければならないことは、その二大特徴である異質と複雑がどうなっているのかである。二つの要素のあること自体がすでに複雑なのである。異質については、A・B_1・B_2・Cの共通性についてどこまでいえるのかにより決まる。

どれも曲線で表現されているが、その多さの順はA・Cになる。曲線に反する直線はB_1・B_2の順に多い。B_1は方格やTLV文がその対象だが、B_2の場合は肋条になっている刻線が対象になる。

異質は視覚に重きをおき、材質には基づかない。A・B_1・Cは青銅製、B_2は碧玉岩製であるが、問題にはならない。

この場合はB_2自体は単純でCのほうが複雑である。あくまでもB全体で判断すべきことである。

向野田古墳は記紀神話のどのような場面なのか、改めてみてみよう。被葬者で注目すべきことは、頭蓋骨がAから離れていることである。それは高天原をすでに出発したことを意味している。

かかとが石棺の底に着いていることは、地上に降りたことになる。被葬者はこの物語の主人公であり、そのものの大きさである。高天原・出雲・伊勢の関係は極小化されている。記紀神話では、ホノニニギの出発地は高天原の天の磐座、到達地は筑紫日向の高千穂峰となる。内行花文鏡Aの代表点aは、鏡が円形であることから鈕の中心点になる。筑紫日向の高千穂峰の代表点は被葬者の両かかとの中間点が考えられる。

この場合、降臨経路のほとんどが被葬者の身長ということになる。そして経路の二点間は直線で表せばよいであろう。

六　笠沙岬《かささのみさき》から天の磐座へ

ホノニニギが天の磐座を離れてからを、『記』でみてみよう「天空に八重にたなびく雲を押し分けて、荘厳に道を選び、途中、天の浮き橋の浮き端に体を弓なりにして立ち、そこから筑紫の日向の高千穂の久士布流多気《くしふるたけ》に天降りした」となっている。

「久士布流多気」のうち「多気」は峰のことである。「久士布流」とは古代の朝鮮語と関係があり、[20]「久士布流峰」で「霊峰」ぐらいに解釈するのがよいと思われる。

天降りの状況がどのようなものであったかは、荘厳に道を選び、途中、ピンポイントで天の浮橋の端に弓なりになって立ったところから、かなりのスピードはあるが、ぶれずに正確なことがわかる。荘厳に道を選んだとは、落ち着きなく狐を描くというものではなく、事実上は直線上に進んだことが考えられる。

ホノニニギは、高千穂の霊峰に対して「此地は、韓国《からくに》に向ひ、笠沙の御前《みさき》を真来通りて──」といっている。「韓国」とは「韓国岳」のことで、韓国岳が向かって見える。

笠沙の御前は、鹿児島県南さつま市の野間岬をいう。その野間岬をまっすぐ通って来て、[21]となる。通説では「笠沙の御前に真来通りて」と読む。「此地」すなわち「久士布流多気」を基準としているために、笠沙の御前に行くことを「来」とはいえないとする。[22]

文章がそもそも間違っているとして、通説は安易に改変する手段をとったことになろう。その改変をもってしても高千穂峰と笠沙岬の二点だけでまっすぐなどとするのはよいのだろうか。

このような例がすでに二度あったことを思い出してほしい。一度目は出雲大社から須賀神社に約三二キロの直線を引いて、さらにその直線の延長を試みている。二度目は降臨の直前に『記』により、伊勢神宮の内宮から外宮に約五キロの直線を引いて、さらに直線を延長して、一度目の直線との交点は高天原の代表点かというところまできている。

三度目は、まだホノニニギが行ったことのない笠沙岬から高千穂峰に図4の1のように約八九キロの直線を引き、さらにその直線を延長するようにという暗示になっている。笠沙岬を出発した直線は、求める点の直線上の途中の高千穂峰にホノニニギはいることになる。この直線上の求める点とは、察しがつきわざわざいう必要のない、天降りの出発点であった天の磐座ということになる。三本の直線がそこで一緒に交わることになる。

ただし、天の磐座が三本の直線の交差点上に正確になるのかは、当時の測量技術の程度が問題になる。地形の凹凸よりも地球が球体であることがなかなかの難題になるが、『記』の文面からはほとんど正確に成しえたものと思える。

高天原の代表点は天の磐座にあったとしている。記紀神話もその代表点を直線で結ぶと、宮都配置と同じく、相似形の扁平三角形になることがわかる。

ところで、『記』は高千穂峰に降臨の後ただちに降臨経路のその延長上の笠沙岬まで行ったかのように、そこから振り返るかのような内容になっているのはなぜなのか。まったく不自然であることを否めない。

もしかしてホノニニギの子孫の神武天皇が将来東征することの予告のつもりなのかもしれないと

思うかもしれない。戦前に存在した高天原が近江あるいは大和とする説は、神武東征は、はるばる九州まで降臨して、ふたたび東に向かう、旧地回復の事業[23]だとする。

神話を史実だとしていた時代のことである。それでは高千穂峰よりさらにその先の笠沙岬から振り返る説明になっていないので、もう少し納得のできる説明はないものであろうか。

向野田古墳を参照しながら、『記』の神話の天孫降臨を考えれば何か見えてくることもあるかもしれない。向野田古墳は笠沙岬に相当する何かが存在するのであろうか。

『記』ではホノニニギが高千穂峰で笠沙岬について語った後に、笠沙岬でコノハナノサクヤヒメに出会っている。笠沙岬に行く前に、笠沙岬をいう必要があったのである。

さらにいえば、『記』では高千穂峰にホノニニギが宮殿を造るよりも、笠沙岬を口にすることが先になる。しかも『記』にはないが、『紀』では本文、一書第四・一書第六において、高千穂峰から歩いて笠沙岬に着いたとする。

『記』において、ホノニニギが高千穂峰に宮殿を造ることは、そこが定位置になることを意味している。『紀』に宮殿を造った内容はないが、ホノニニギは良い国を探し求めて笠沙岬に着いている。つまり迷いながらの行動で、歩くという足の強調のように思える。

迷いながらの足の強調とは何であろうか。向野田古墳で考えてみよう。納棺の際に運ばれてきた被葬者は、そのかかとの位置が初めから定まっているわけではない。

石枕の彫り込みに頭を最初から固定して、最後にかかとの位置が決まるものでもない。調節のために空中で実際の位置より前にかかとを出したことが、笠沙岬を意味している。さらにかかとの位置を定めてから、徐々に頭部に向かって被葬者の体を棺床に降ろしてゆき、最後に石枕の彫り込みに頭部を固定したのであろう。それが天の磐座を振り替えるかのような内容になっている。

七　測量技術と記紀神話

『記紀』編纂当時には三八〇キロ以上も離れた二点をつなぐ直線を測量できたことは、私自身の発表が早かったようであるのだが、今より二〇年以上も前に私とは関係なく証明されたとされている。私自身はそれを証明するのに、単なる直線そのものではなく、宮都配置を利用している。

古代日本において多くの天皇ごとの宮都配置は、相互に直線を引くと『紀』では扁平三角形になる。しかも大小や向きは異なるものの相似形をしていたようである。

その三角形の一辺が一〇〇キロを超える例がけっこう多い。それは高度の測量技術の存在なしには考えられない。

記紀神話の基本形には、そのような扁平三角形の配置がまず必要である。その扁平角の形成点は天の磐座にあたり、そこから筑紫日向の高千穂峰へ向けて底辺に交叉する天孫降臨の経路を示す、最長の直線が必要である。

宮都や記紀神話の繰り返される相似形の扁平三角形の配置の多さは、史実としてそのような配置が存在したことが考えられる。記紀神話は、かならずしも突貫工事のように作られたものではなく、口承のみに限らず、長い間に及ぶ地上に表現され続けてきたことが考えられる。その証拠としての痕跡もある。

その痕跡としての条件を満たしているのが、向野田古墳の石棺内配置である。扁平三角形を折り畳んだ配置にもどす。次に中央の鏡の中心点から被葬者の両かかとの中間点に直線を引く。

そのように幾何学的な表現に置き換えたものを地上に拡大表現したのが、記紀神話といえる。そのうちの笠沙岬・高千穂峰・天の磐座は、『記』では暗に一直線上にあるとしていることが重要である。

その直線はとりわけ長く約七〇〇キロになる。記紀神話は高度の測量技術の存在なしに成り立たないことから、ほとんど正確にその直線は測量できたと考えられるべきであろう。

私はなぜそう考えるのか、そこに至る過程をまとめてみたい。それにしても『記紀』ほど、暗に私に指示し続ける歴史書はない。それは出題という形式をとっている。

〈問題〉

① 古代天皇の宮都配置を直線で結ぶと、相似形になる。それを複数例図示して下さい。

② そのうちの一例になる応神天皇の宮都配置を参考にして、記紀神話から出雲大社と伊勢神宮の内宮を一辺とする相似形の配置を求めなさい。

③ 求めた相似形の不明だった一点は、日本列島のどのあたりになりますか。

④ それは広範囲に及ぶと想定される何の代表点ですか。

⑤ 代表点が具体的にどこになるのか、そこに至る直線が必要になります。

⑥　この相似形プラス直線と同様な例を、考古史料から見つけて下さい。

そして、多くの日本人にとって、記紀神話は伝えられてきたものだとする認識が今はない。当然のことながら⑦として、⑥から、記紀神話は伝えられてきたものとして、どのようなことが関連するのか考えようということになる。

はたして現在の日本人が無意識にせよ、記紀神話の影響下にあるといえるのか、その判別の仕方も準備したほうがよさそうである。

註

1　「長野県地方史研究の動向」歴史学分野『信濃』第68巻第6号・福島正樹（信濃史学会）二〇一六・頁六六上段

2　「記紀神話」が存在した時代—「神話から歴史へ」なのか—」『信濃』第67巻第8号・柳沢賢次（信濃史学会）二〇一五・頁四一〜六〇

3　『記紀神話と王権の祭り　新訂版』水林《みずばやし》彪《たけし》（岩波書店）二〇〇一・頁二九〇〜三二一

4　『在野史論　歴史研究臨時増刊　歴史研究会創立三十周年記念論文集』（新人物往来社）頁一一一〜一一三

5　『天皇制最奥の論理—日本の不変思考について—』柳沢賢次（近代文芸社）一九九〇

6　『記紀』を一読した後、それまでの宮都学説の確認のために購入した『古代日本の都　歴代遷都の謎』八木充（講談社現代新書）一九七一など

7　以後、斉明天皇の宮都に関して、「非常時と女帝の宮都—性別により左右の配置が逆になる—」『信濃』第65巻

第4号・柳沢賢次（信濃史学会）二〇一三・頁二三〜四五
8 以後、Aとはそのもの全体を示し、aはAの代表点を示す。Bとb、Cとc、Dとdなども同様である。
9 以後、応神天皇の宮都配置に関して、「ヤマト政権統治開始の証明─大岩山銅鐸遺跡の復元と解読─」『信濃』第64巻第3号・柳沢賢次（信濃史学会）二〇一二・頁一五〜四〇
10 『記紀の考古学』森浩一（朝日新聞社）二〇〇〇・頁二〇八〜二一二
11 「祭神」『講座・日本民俗宗教─神道民俗学』上田賢治（弘文堂）一九七九・頁二七〜三五
12 『古事記と日本書紀』神野志隆光（講談社現代新書）一九九九・頁一三六〜一三九
13 12に同じ　頁一一〇〜一一二
14 『私の日本古代史』上田正昭（新潮選書）二〇一三・頁三七〜四五
15 以後、記紀神話の相互の位置づけの説明については、「伊勢の『古事記』・出雲の『日本書紀』─無文字時代に従った編纂について─」『信濃』第60巻第12号・柳沢賢次（信濃史学会）二〇〇八・頁五三〜七四
16 『古田武彦・古代史コレクション③盗まれた神話─記・紀の秘密─』古田武彦（ミネルヴァ書房）二〇一〇・頁一一〇〜一一二など
17 以後の『記紀』の漢字表現については、森博達『日本書紀の謎を解く』（中公新書）一九九九・頁二〇〜二一
18 「埼玉古墳群と『記紀』との照合─無文字文化の代表を世界遺産に─」『信濃』第66巻第5号・柳沢賢次（信濃史学会）二〇一四・頁一四〜三四
19 『向野田古墳　宇土市埋蔵文化財調査報告書　第2集』富樫卯三郎ほか（熊本県宇土市教育委員会）一九七八
20 『日本古代史をいかに学ぶか』上田正昭（新潮選書）二〇一四・頁一一九〜一二二など

21 『古事記　新編日本古典文学全集1』山口佳紀・神野志隆光（小学館）一九九七・頁一一八

22 『古事記　新潮日本古典集成』西宮一民（新潮社）一九七九・頁九一～九二など

23 『高天原の謎　日本神話と邪馬台国』安本美典（講談社現代新書）一九七四・頁五五～五七

五章　浅間山とアマテラス
——真楽寺の創建理由について——

一　真楽寺の伝承

真言宗の古刹、真楽寺は、浅間山の南麓、長野県北佐久郡御代田町塩野字大沼にある。本尊は大日如来、末寺は三十六ヵ寺あったという。

浅間山は活火山で、群馬県（上野国《こうずけ》）と長野県（信濃国）の県（国）境に位置する。浅間山頂の長野県側は軽井沢町と御代田町で分け合っている。真楽寺はその浅間山の別当寺である。

この場合の別当とは、神社に付属した寺ということになる。この神社とは浅間神社であって、浅間山は神体山ということになる。

浅間山そのものが社壇であり、本殿を造営しない。例えば、軽井沢町追分の浅間神社は浅間山頂の遙拝所であり、軽井沢町長倉字借宿《かりやど》の遠近宮《おちこち》は浅間山を神とする拝殿だけである。

真楽寺の寺伝について発表されたもので、私の知る限り、最も詳しいものは、昭和九年（一九三四）発行の『佐久口碑伝説集　北佐久篇』の昭和五十三年限定復刻版(1)である。当時の真楽寺の住職(2)、向井亮道氏（七五歳）が述べたものである。

そこでは、「真楽寺は今から千三百六十年前、栄曇《えいどん》という僧が用明天皇の勅を奉じて諸国を巡りめぐって、浅間山に登り、賽《さい》ノ河原の六地蔵付近に小さな庵を結び、世の平穏を祈ったことがある」で始まり、寺が現在地に至った説明となっている。これだけでは浅間山と真楽寺がどのような関係にあり、なぜ六地蔵付近に創建されたのかがはっきりしない。

そのためか、同じことだそうだが、用明天皇の勅命により、浅間山の噴火を鎮めるために、賽の

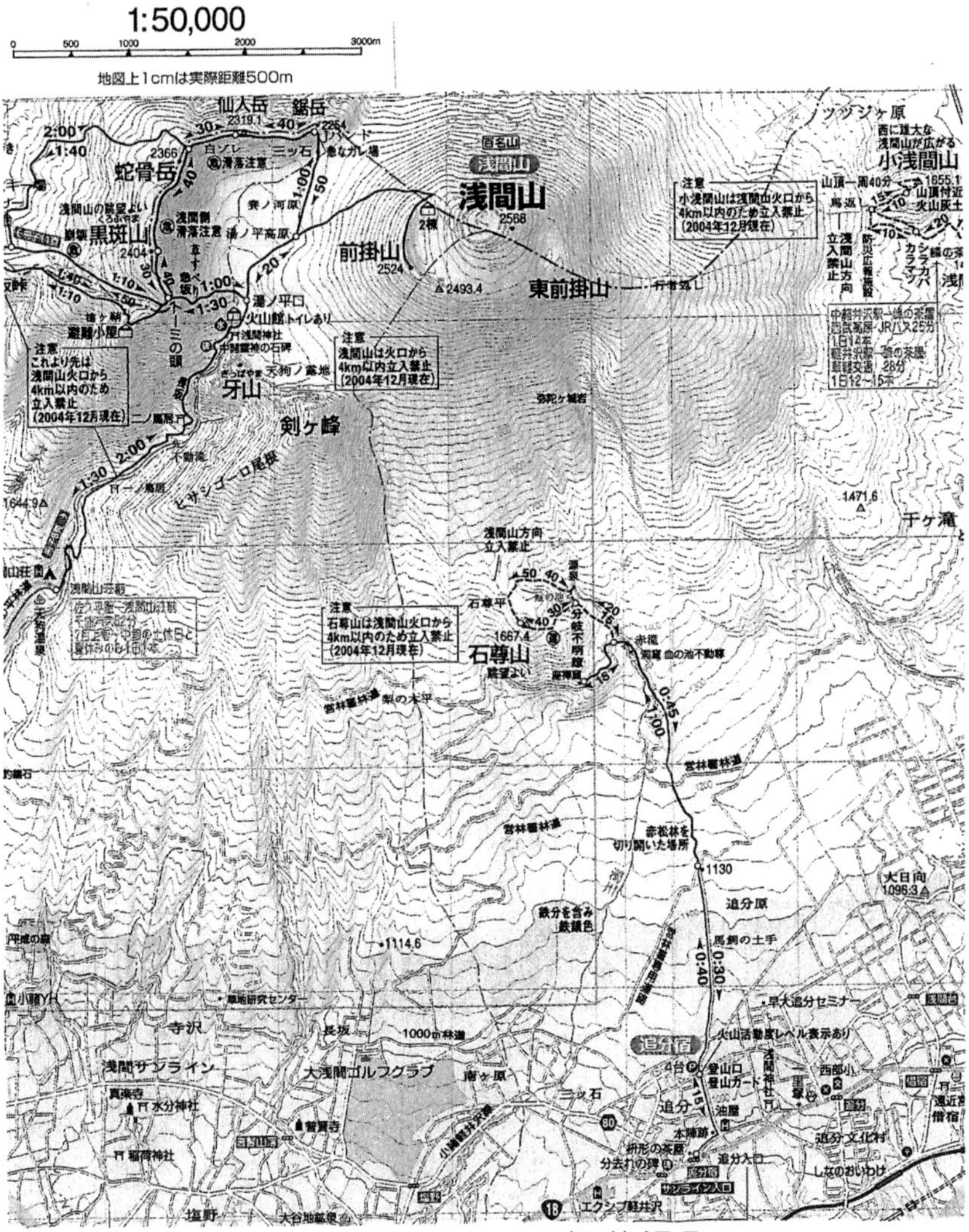

図5の1　浅間山南麓
野口冬人『山と高原地図 19 浅間山 軽井沢』（旺文社）より引用転載

河原に栄曇和尚が庵を建てたのが勅願真楽寺の始まりだと伝え聞いている。これだと浅間山と真楽寺の関係はわかるが、浅間山の噴火と世の中の平穏との関係がはっきりするわけではない。浅間山の噴火だけなら、諸国を巡る必要もなく、世の平穏などといわなくてもよいような気がする。

この際、別々のものとして、創建理由1は世の平穏を祈るため、創建理由2は浅間山の噴火を鎮めるためとしてみよう。

一方、創建理由3として『御代田町誌[3]』のように、真楽寺は修験に関係する寺院として、平安時代から中世の初めに創建されていたとする考えもある。

創建理由2を最初に知ったのは、三つ上の兄が小学三・四年生の頃のことだった。炊事中の母に、兄がその日の学校であったことを報告していた。私もかたわらで聞いていた。

その後、そのような内容を何度か聞くたびに、その内容が事実かどうか確かめたくなった。一生かけても無理なことで、どのような努力をすれば、少しでもそれが可能かと思い続けてきた。

以後、『佐久口碑伝説集』に従って、真楽寺の創建理由と創建時期の解明を試みたいと思う。向井住職の発言順に①から感想などを述べてみたい。

①真楽寺は今から千三百六十年前、栄曇《えいどん》という僧が用明天皇の勅を奉じて諸国を巡りめぐって、浅間山に登り、賽ノ河原の六地蔵付近に小さな庵を結び、世の平穏を祈ったことがある

この文章の今とは、この本の調査期間であり、昭和六年（一九三一）四月から三カ年の頃といえる。

この本の発行は昭和九年九月である。

これらを勘案して、千三百六十年をさかのぼると、用明天皇の在位期間に当たるであろうか。用明天皇は敏達十四年（五八五）九月五日即位、用明二年（五八七）四月九日崩御している。一〇年あまりのずれがある。

いずれにせよ、用明天皇は六世紀後半に二年余り在位している。即位翌年の新嘗《にいなめ》の日から天皇は病気になっている。『日本書紀』に、天皇は仏法を信仰し、神道を尊んだとして、特筆されるべき存在とされている。

栄曇という僧が用明天皇の勅を奉じたというが、その内容は世の平穏を祈るということになる。特に世の平穏を祈るに相応しい場所が賽の河原の六地蔵ということになる。

そのため、諸国を巡りめぐって、最後に浅間山に登り、賽の河原の六地蔵付近に小さな庵を結んだということになろうか。六地蔵付近は登山ルートに沿って湯の平口、前掛山登山口を通って、火山館から一キロメートルほどの右手になる。

当時の浅間山は、山頂部が陥没する前で、賽の河原付近は、第二外輪山の前掛山が今より盾の価値はなく、火山弾は直接落ちやすく、今よりはるかに危険であったであろう。六地蔵付近は山頂部から一五〇〇メートルほどしか離れていない。

世の平穏を祈ったとしても、祈った場所が危険きわまりない場所だったことになる。現代人がそれを知って「はい、そうですか」と納得できそうにない。当時でさえ、とりわけ深い理由がなければならなかったはずである。

この世とは、いちおう用明天皇時代の統治範囲を考えてみなければならない。その範囲の平穏を祈るのに賽の河原付近が最も適したところということになる。

この場合の賽の河原とは浅間山頂近くの地名である。一般的には小児が死んでから苦しみを受けるとされる、冥土《めいど》の三途《さんず》の河原をいう。死んだ小児が石を拾って、父母供養のための塔を造ろうとすると、鬼が来て壊すという。

五〇年以上前に、兄と賽の河原を見たが、まことに賽の河原を思わせる地で、草木は育たずに、丸みをおびた石が河原のように砂の上に散らばっていて、荒涼とした風景が広がっていた。見事なケルンや石仏がたくさんあった。

新しい火山弾の落ちた形跡をとりわけ感じなかった。比較的安全なところかもしれない。浅間山の火口から賽の河原とほぼ等距離の南は湯の平になる。そこにもかつて浅間神社があった。今は浅間山の里宮として軽井沢町追分に移っている。

②そののち仏教が盛んになるにつれて、庵を寺らしい形に造りかえた。

栄曇は仲間や後継者がいた。真楽寺は賽の河原時代から寺だったということになる。

③何年かの後、水害をこうむり、今日の寺院より一里（約四キロ）上の上寺場と呼ばれる地に再び建てられた。その後、ここも移されて、三度目に今の地に定められた。

この辺の事情を『御代田町誌』は、賽の河原時代を認めないために、真楽寺は二度移転したとしてしまう。問題は賽の河原から上寺場・下寺場・大沼へと間違いなく真楽寺は移転したと、多少とも説明できるのかということになる。

④賽ノ河原付近の寺趾及び上寺場の趾は今なお平で、いにしえに地ならしされた頃の面影が残っている。

真楽寺移転の証拠としてあげることのできるものは、今となっては、それだけということになる。だが、はたしてそれだけなのだろうか。

二　浅間山

真楽寺の山号は浅間山である。その創建理由はこれまでみてきたように、浅間山とは無関係というわけにはいかない。

そのため真楽寺を考えるには、まず浅間山を考えて、できるだけ浅間山を確かなものにしておかなければならない。一般に浅間山という山名は多くあり、他の山名が及ばないほどの難しさがあるように思う。

発音は違うが浅間山と表現されている山は、じつに多い。それを十把《じっぱ》一絡《ひとから》げに富士山信仰といわれたのではたまらない。

驚くことに上信国境の浅間山さえ「あさまやま」だけでなく、「せんげんやま」と呼ぶこともあるらしい。(4) そもそも浅間山と書いて、この他に「あさまさん」「せんげんさん」「せんげんざん」という呼び方がある。

表記方法も「浅間」の他に「麻間」「朝間」としたり、「朝熊」としている。これらは共通した意味を表現したと思われる。

「浅」「麻」「朝」は、共通した意味に解釈できないか。「間」は表現しようとするものの意味と、あまり内容の相違がないということだろう。

参考までに、「麻間」は中御門右大臣とよばれた藤原宗忠の日記『中右記《ちゅうゆうき》』に、麻間峯が天仁元年（一一〇八）に猛然と噴火をはじめたとみえる。「浅間」は、正保二年（一六四五）の『信濃国浅間ヶ岳記』などにみえ、現在も続いている。「朝間」は、天明三年（一七八三）の『朝間山大やけの次第』の瓦版で、天明三年七月八日の浅間山大噴火を伝える。

「朝熊」は、古くは「あさくま」といった。『金剛証寺伝』によれば、弘法大師が天長二年（八二五）に三重県伊勢市の朝熊山（朝熊ヶ岳）山中に求聞持の法を修めた時、朝に熊、夕に虚空蔵が現われたことによるという。今は「あさま」といっている。

それでは「浅」「麻」「朝」はどのような間なのだろうか。「朝」は、夜明けのあと、しばらくの間であるから、「朝」一字で「間」の意味まで含まれている。

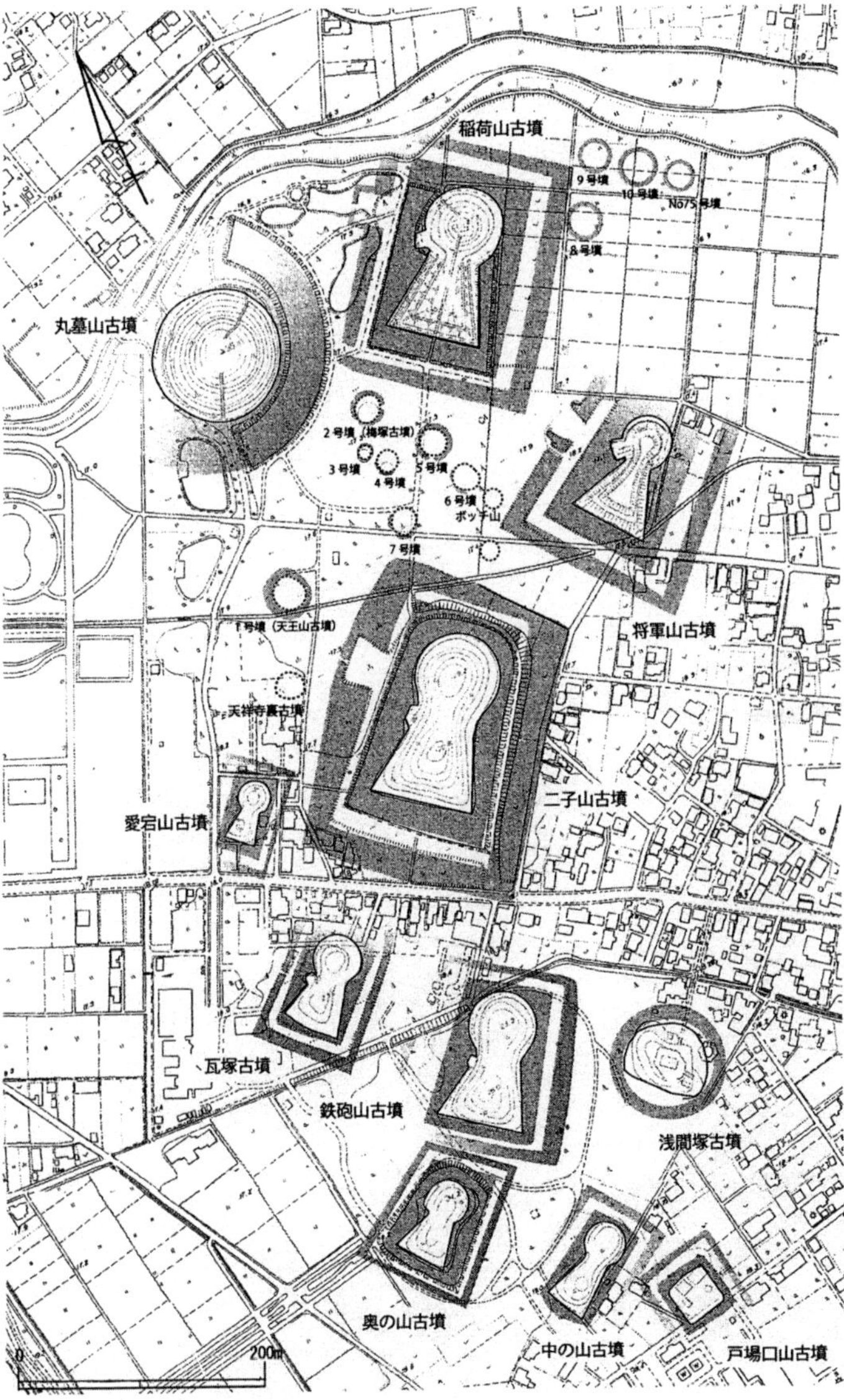

図５の２　埼玉古墳群全体図
埼玉県立さきたま史跡の博物館「埼玉古墳群史跡指定 80 周年・稲荷山古墳発掘調査 50 周年・鉄剣銘文発見 40 周年記念講演会（2019）さきたま あれから これから」資料より引用転載

「麻」はクワ科の一年生植物である。その皮の繊維から糸をつくる。細さ薄さの意味に用いられているようである。

現在は「麻間」や「朝間」の用例はなく、「浅間」ばかり用いられていることから、「浅間」の表記方法はすぐれているということになる。

「浅間」は、朝早く、朝の間のすべてではなく、短時間であることを意味している。何がそうなのかということになる。そこだけに日が当たっている間がということになりはしないか。その間だけ「あさま」なのである。

それゆえ、朝早くから日が当っていて、いつまでも当る面が変わり続ける富士山は、浅間山たりえない。孤峰は無理なのである。

上信国境の浅間山は特に、寺田寅彦が昭和六年（一九三一）に雑誌『郷土』一月号の「火山の名に就て[5]」という論文にとらわれがちである。ところが『地名用語語源辞典[6]』の「あさま〔浅間、朝熊、阿佐間〕」の項の解説に、この地名は火山や火山灰地、急斜面を呈した所、自然堤防などに多い。上信国境の浅間火山についてさまざまな語源説が立てられているが、他のアサマ地名も含めて考えた場合に納得しうる説は未見、となっている。

私の住んでいる埼玉県北本市の東間《あずま》に浅間《せんげん》神社があり、時々訪れる埼玉県行田市埼玉《さきたま》の埼玉《さきたま》古墳群には浅間塚《せんげんづか》古墳がある。いずれも「せんげん」であるが、「せんげん」とは「あさま」に当てた浅間の音読である。

浅間神社は富士山を模造した富士塚の上に建てられたもので、文字通りの人工物である。浅間神社

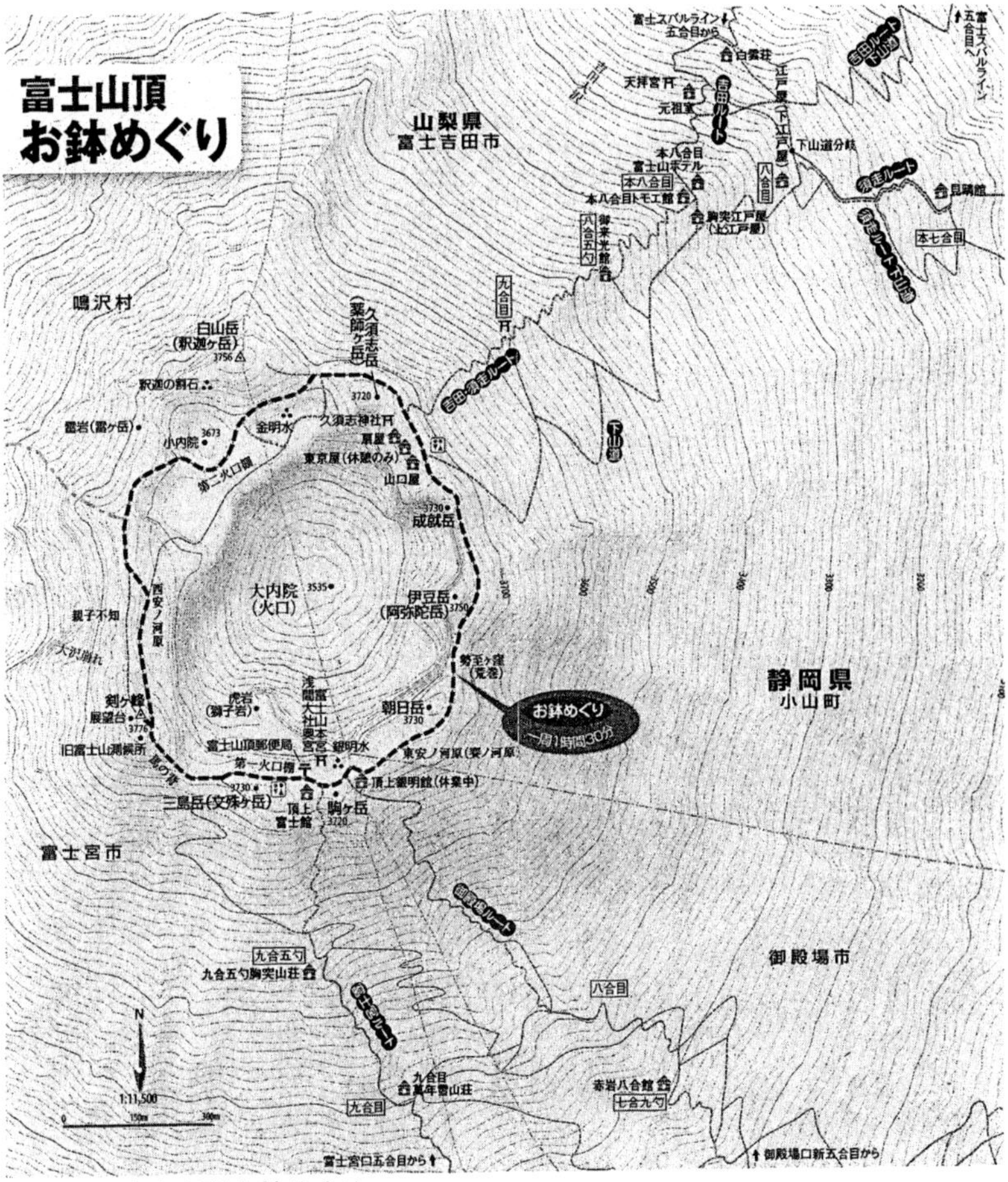

図5の3　富士山頂 お鉢めぐり
JTB パブリッシング『富士登山パーフェクトガイド（綴じ込み付録部分）』（JTB パブリッシング 2014）より引用転載

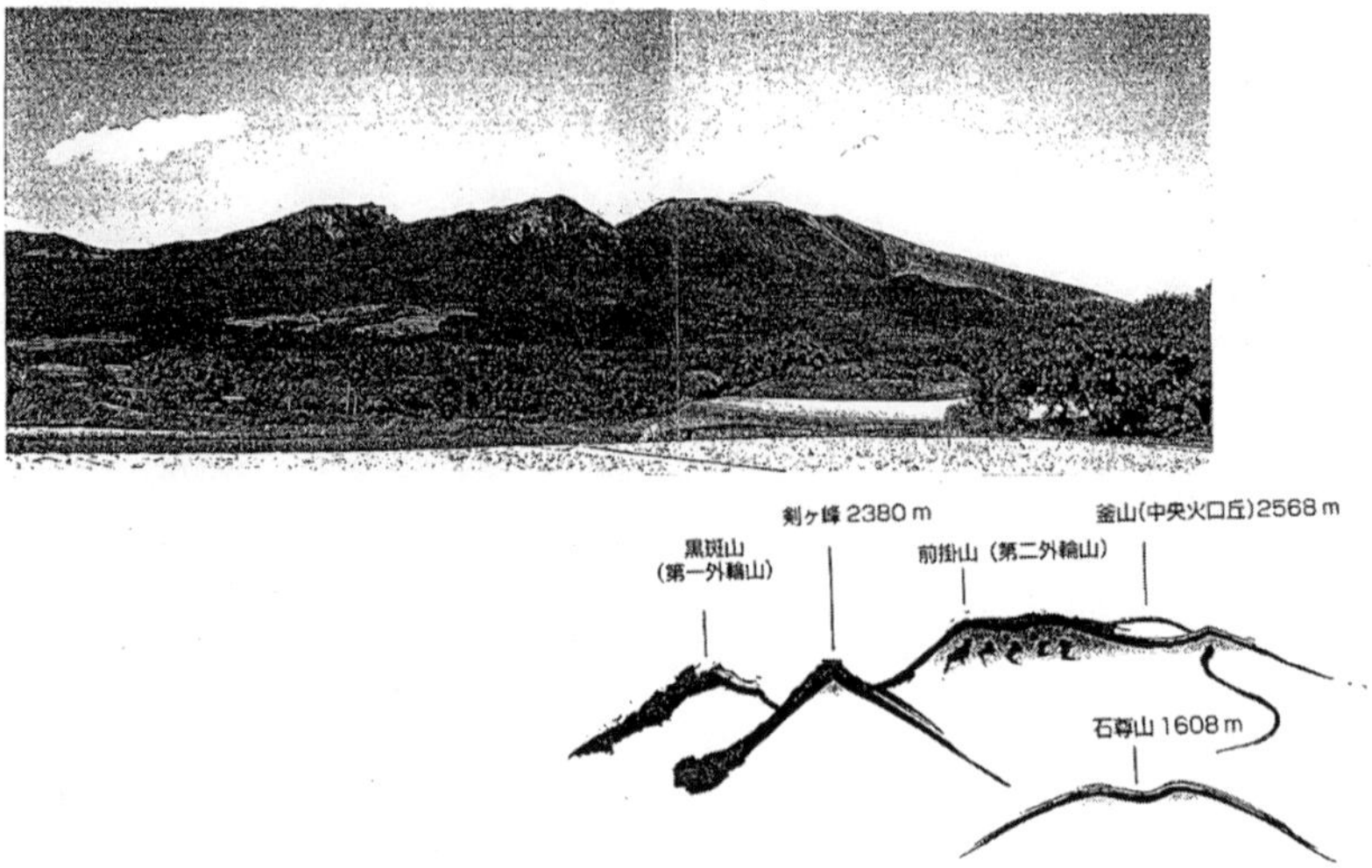

図５の４　浅間山
『広報やまゆり』（御代田町）より引用転載

は付近に一社だけで、周囲は平な地形になっている。ところが浅間塚古墳の方は古墳群の中で、ただ一基だけ浅間塚と名がついている。なぜ浅間塚になるのかということになる。

浅間塚古墳は墳頂に前玉《さきたま》神社、中腹に浅間社が鎮座する。前玉神社は延長五年（九二七）奏進の『延喜式神名帳』に記されている。

浅間社は近世初頭の勧請により建立されたとされている。浅間塚古墳は浅間社を勧請するのに相応しかったということになる。

その相応しい基準は何かということになる。

これまでに述べてきた「浅間」の表記方法、上信国境の浅間山、浅間塚古墳、さらには富士山の火口周囲の一峰浅間ヶ岳について考えてみる。

上信国境の浅間山は、東は山があっても低く、南は高山なく千曲川に沿って開けている。現況の高さ八・五メートルの円墳の浅間塚古墳も東に古墳や障害物になるものはなく、南に位置する前方部高さ五・

二メートルの前方後円墳の中の山古墳よりは高い。方墳の戸場口山古墳も浅間塚古墳よりは低かったことは容易に推察できる。

埼玉古墳群の浅間塚古墳に似ているものに、富士山頂の一峰の浅間ヶ岳（駒ヶ岳）がある。富士山の山頂には「お鉢めぐり」という火口一周コースがあり、八つあまりの峰がある。

ここでもなぜ浅間ヶ岳なのかという問題が生じる。峰のうちで一番早く日が当たるのが、火口の東南部に位置する朝日岳（大日岳）であろう。次に日が当たり始めるのは火口の南に位置する浅間ヶ岳である。

上信国境の浅間山と日当り方を比べてみよう。浅間山は火口の西側に第二外輪山の前掛山があり、浅間山頂に早朝日が当たると、今よりは標高差のあった西側に位置している賽ノ河原と湯の平は長い日影の中に入る。

浅間ヶ岳（図5の3では別名駒ヶ岳のこと）の場合、その北に富士山本宮浅間大社奥社が位置している。浅間ヶ岳に最も日当りのよいのは、朝ではなく昼ということになる。朝というよりは昼の配置になっている。

従って浅間ヶ岳はかなり無理して名付けられたことになる。火口の東南にある朝日岳（大日岳）こそが位置的には相応しいのである。

それでは浅間ヶ岳はなぜ浅間ヶ岳としたのであろうか。浅間ヶ岳は富士宮口ルートの頂上にあり、火口との間に神社を設けるゆとりの幅があったからであろうか。

三　三重県の特徴

今回、改めて上信国境の浅間山と真楽寺を考えてみたが、三重県と特別な関係があったことがわかった。現在の、三重県は伊賀・伊勢・志摩の三国であった。

三重県には浅間山と書く山がたくさんあり、朝熊山《あさま》と書く場合も一例ある。浅間山と書く山は「アサマヤマ」「センゲンサン」「センゲンザン」「センゲンヤマ」などと発音している。

朝熊山は朝熊ヶ岳とも表記されている・標高五五五メートルで、伊勢・志摩の最高峰である。

このうち三つの山に注目すると、すぐ近くの西側に皇祖神アマテラスが祀られている神社がある。神社の数は三社ではなく五社になる。

図5の5の内宮の近くの△は朝熊山である。朝熊山の西には伊勢市宇治館町の皇大神宮（内宮《ないくう》）がある。祭神はアマテラスの和御魂《にぎみたま》。和御魂とは、おだやかな徳をそなえた神霊をいう。

内宮内の敷地に内宮第一の別宮《べつぐう》の荒祭宮《あらまつりのみや》がある。別宮とは、内宮や外宮を正宮《しょうぐう》というが、正宮の「わけみや」の意味で、正宮と関わりの深い神をまつる格の高い神社をいう。荒祭宮はアマテラスの荒御魂を祀る。積極的・進取的・活動的なはたらきをする魂である。

滝原宮の近くの△は、度合《わたらい》郡大紀町滝原《たきはら》の東にある浅間山である。この浅間山の西には度合郡大紀町滝原に内宮の別宮にあたる滝原宮がある。祭神はアマテラスの和御霊である。

滝原宮に並んで、滝原竝《ならび》宮がある。祭神はアマテラスの荒御霊である。

伊雑宮《いざわのみや》の近くの△は、志摩市と鳥羽市の境にある浅間山である。この浅間山の西には、志摩市

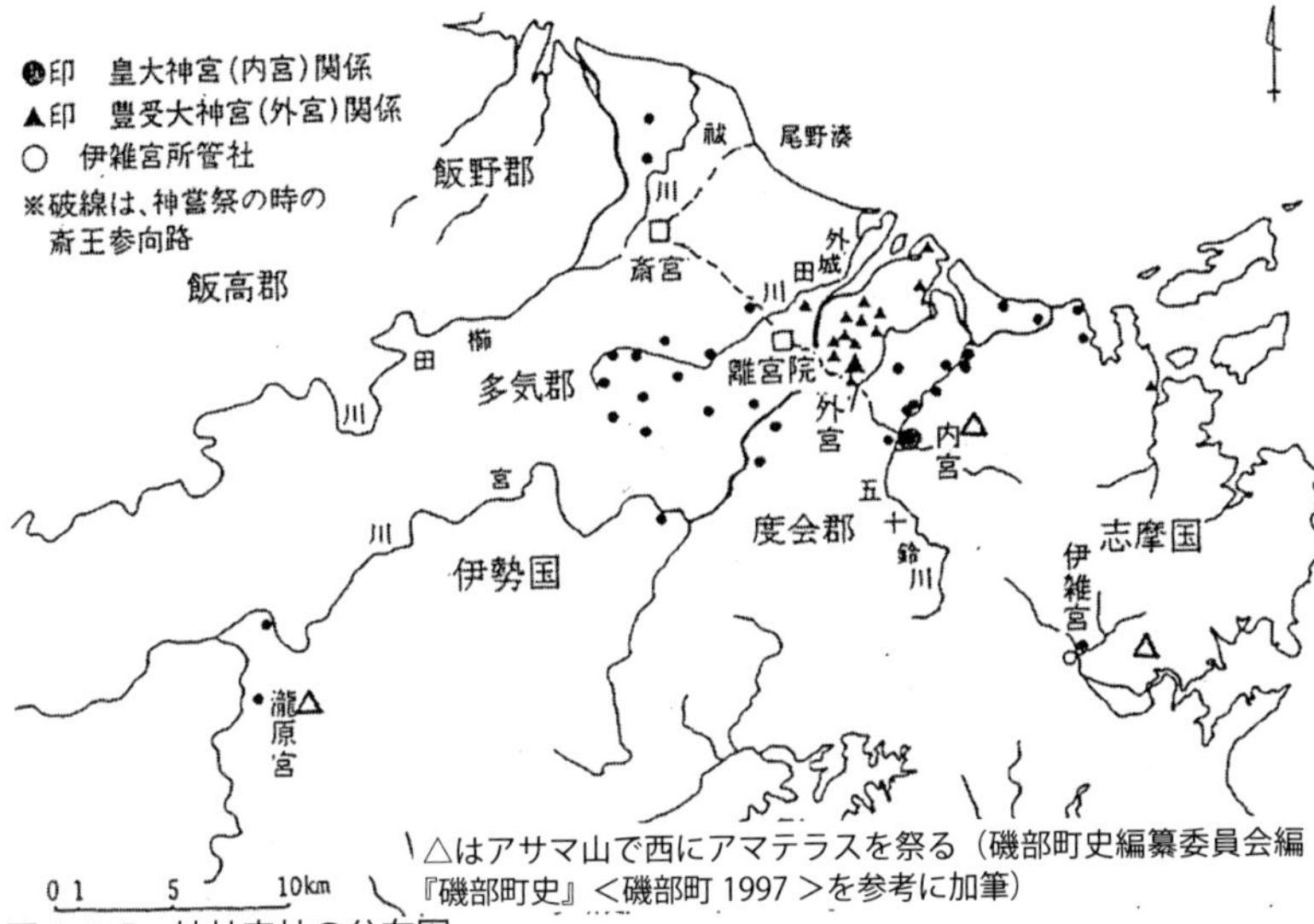

図５の５　神社宮社の分布図
皇学館大学編『伊勢志摩を歩く』（皇學館大学出版 1989）に引用加筆

磯部町上之郷に内宮の別宮にあたる伊雑宮がある。祭神はアマテラスの御魂である。

アマテラスを祭る別宮の順位は、荒祭宮・伊雑宮・滝原宮・滝原竝宮の順になる。なぜそうなるのか。古代日本のよくある扁平三角形の決まりに従っている[7]。

以上、五社がアマテラスを祭っている。そのすべての東側にアサマ山がある。このことは東にあるアサマ山を基準にアマテラスは祭られたことになる。アサマ山が東になければアマテラスは祭られることがないようだ。

その結果、『日本書紀』垂仁二十五年三月条のように、皇女倭姫《やまとひめ》命《のみこと》に託し、アマテラスが鎮座すべきところを求めて近江・美濃を巡り伊勢に至り、アマテラスの教えに従って五十鈴川上に斎宮《いわいのみや》を立て祭ったのが、現在の皇大神宮すなわち内宮の起源とするとしているのは疑問になる。

それにしても三重県にアサマ山は多い。既述の三つまでは、アマテラスを祭るためのアサマ山であると認めたとしても、アサマ山の西にアマテラスが祭られていない場合のアサマ山とは、何だろうということになる。

アマテラスを祭るための予備のアサマ山であったことが考えられる。アサマ山が多くあることによって、東国の代表である上信国境の活火山、浅間山を絶えず思い出すようにしているのではあるまいか。

ここで視点を変えて、伊勢に対する出雲を考えてみよう。出雲国といえば現在の島根県東部にあたる。だが記紀神話などに伝わる出雲のイメージはその関係する神の活躍から広く感じる。

出雲国の成り立ちとして『出雲国風土記』に、八束水臣津野命《やつかみづおみづのみこと》が新羅（古代朝鮮の三国の一つ）の岬、高志国（北陸地方）・隠岐島に綱をかけて国を引っ張ってきて、出雲国の一部にしたという神話がある。新羅の岬は出雲より西であり、高志国と隠岐島は北側に位置する。出雲国は同緯度としては日本の西端に位置している。

記紀神話においても、スサノヲは新羅国に天降《あまくだ》っている。オホクニヌシは稲羽（鳥取県東部）、高志国などに出掛けている。

同様に伊勢国を考えてみよう。伊勢国は現在の三重県の中心部にあたる。出雲にいだくイメージはその西と北に広がる。伊勢国もそれに対応することがあるだろうか。思い切って、伊勢のイメージはその東と南になると考えてみたい。そう考えると記紀神話などから東と南に関係があることは述べられているようだ。

南についてはサルタヒコが、ホノニニギの日向の高千穂峰に降臨を先導した後、伊勢にもどってくる。南の日向からサルタヒコは『古事記』のように、伊勢の狭長田《さなだ》の川上に到っている。伊勢国一の宮は鈴鹿市山本町の椿大神社《つばきおおかみやしろ》で主祭神はサルタヒコである。

伊勢と東《あずま》の関係は、『伊勢国風土記』による神武天皇東征の時、天日別命《あめのひわけのみこと》の討伐をうけ、伊勢国を支配していた伊勢津彦が東へ行くといって信濃国へ行っている。佐久市と軽井沢町境、八風山《はっぷうさん》を遺跡とする。

東《あずま》国《こく》の範囲やその代表地はどこであろうか。『養老令』の官撰注釈書の『令義解《りょうのぎげ》』では、東国は坂東《ばんどう》と山東《さんどう》とにわかれており、その境界は相模の足柄山、信濃の碓氷峠になる。

その区切りの地域として、碓氷峠の手前に注目してみよう。具体的には佐久地方、信濃国佐久郡にあたる。

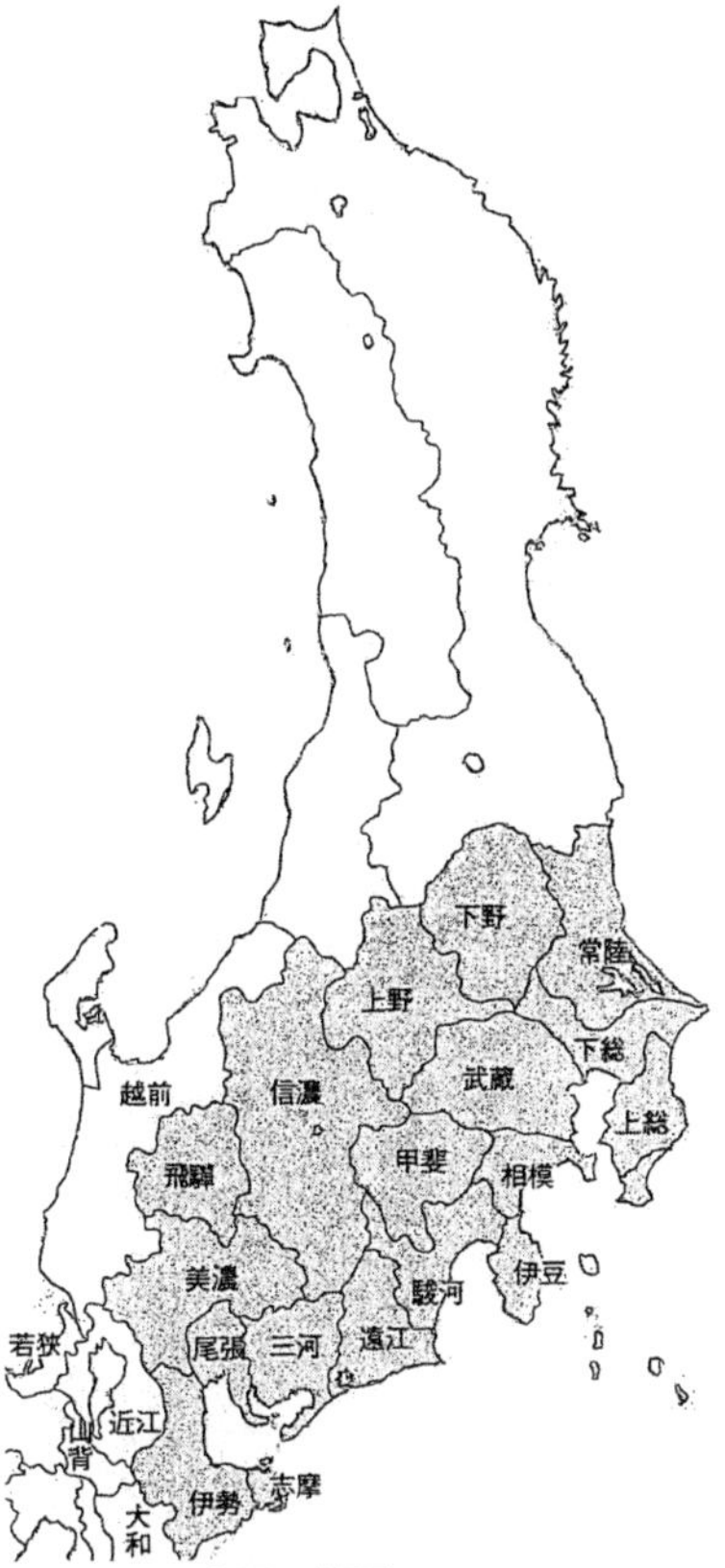

図5の6　東国の範囲
東国という地域範囲は、歴史的に変遷する。壬申の乱のころは、伊勢（三重県）から東が東国であった。（吉村武彦『日本の歴史③古代王権の展開』＜集英社1991＞より引用転載）

例えば、島根県には古志《こし》という地名がある。出雲市にある。古志はその地名の起源は『出雲国風土記』に述べられている。

伊弉冉《いざなみ》命の時に、日淵《ひぶち》川を利用して

池を築いた。その時、古志の国の人々が、やって来て堤を造ったが、そのとき住まいにした所である、という。

同様な関係を佐久地方と三重県でもいくつかあげることができないだろうか。両者の関係をさらに確かなものにしたい。

四　三重県と浅間山南麓

三重県にある地名などで碓氷峠の手前付近にあるものは、浅間山・濁川・大谷地・長倉神社がある。山名・川名・地名・神社名がそれぞれ一つずつになる。これらは浅間山の頂から南麓に及んでいる。今日の自治体名でいえば、長野県北佐久郡御代田町内にほぼ納まる。これらの名は御代田町と三重県のどこにあるのか考えてみよう。

濁川から始めよう。濁川は、浅間山南側の寄生火山、石尊山の東麓（標高一五〇〇メートル）に源を発し、町の中央部のほぼ南西方向に直線的に流下する。

湧出時の水はサイダーの水と呼ばれ清澄《せいちょう》であるが、硫化鉄や遊離炭酸等を含んでいるため、数十メートル流下する間に褐色に変じる。全長一七キロメートル、千曲川に合流する。

三重県の濁川は、多気郡多気町から同郡大台町栃原で宮川に注ぐ。川名は、ふだんは清流であるが、少しの降雨で濁るので名づけられたという。全長一四キロメートル、西から東に流れ、浅間山も見える。

大谷地《おおやち》は、御代田町塩野から馬瀬口にまたがる低湿地帯である。谷地は東日本の言葉になる。ヤチの表記方法は、他に萢・谷内・矢知・屋地・八千などがある。

三重県の大矢知は、四日市市にあり、大谷地・大八地・大矢智とも書く・朝明《あさけ》川下流右岸、垂坂丘陵の東端に位置する。地名の由来は、朝明川の流域で最初の大きな谷地を形成することによる、という。

現地で多くの人にヤチの意味を聞いてみた。ヤチをまったく理解しないので、日常会話にも使用されることがないのであろう。

長倉神社は『延喜式』神名帳に信濃国佐久郡と伊勢国朝明郡のみにみえる神社名である。現在、佐久郡には長倉神社は三社存在している。北佐久郡軽井沢町字長倉、近くに長倉の地名がある同郡御代田町字上駅と小諸市滝原字長倉にある。

このうち、浅間山南麓の位置から小諸市滝原は除かれる。この場合の長倉とは収穫物を貯造する長い倉ではない。クラは「刳《く》る」の語源で、「えぐられたような谷」を指す語と考えたい。(8)えぐられたような谷が長く続くのは、御代田町の長倉神社付近だけである。

伊勢国朝明郡には式内社の長倉神社は現存してない。四日市市に長倉神社跡としている場所がある。谷や崖はなく、平地に近い斜面に小さな地層のまとまりが点々と残っていた。

地名などのこのような類似以外にも、佐久地方と三重県にかかわる注目すべき言葉や表現、さらには伝承がある。浅間山頂は浅間神社の奥社とされ、記紀神話などに登場するコノハナサクヤヒメが祭られている。

とりわけこの女神が木花之佐久夜比売と表記された場合、「木の花のように美しい、佐久の夜の女神」と解釈できる。佐久の夜は、浅間山の噴火によって美しいことを木の花のように美しいと、美しい女神に例えている。

一般には、この木の花は桜と考えられており、桜の花のように栄えるの意だが、同時に桜の花ははかなさも象徴する。

浅間山の夜の噴火は、子どもの頃に何度か経験している。火山弾が飛び交《か》い、空中でぶつかり会い、火花と散る。火口付近の天空は絶えず放電があり、光っている。

真っ赤な溶岩が流出する。火山弾は山腹の急斜面をごろごろ転がり、そのまままとまるもの、明るさを一瞬増して真っ赤に砕け散るものがある。

最後は決まってはかなく黒く見にくく、塊や石つぶになる。かつてそのような累々たる状況であったと思われる場所に神社が建っている。

そこには石長比売《いわなが》が里宮の祭神として祭られている。浅間山では姉は木花之佐久夜比売、妹は石長比売ということになる。

浅間山と木花之佐久夜比売の関係は、佐久と伊勢国にかかわる神話としても伝えられている。

おおむかし富士山と浅間山が一夜にして出現したとき、琵琶湖と諏訪湖ができた。これは伊勢国の浅久間に鎮まります大山祇神が、自分の姫、石長比売と木花之佐久夜比売とを住まわせるために、琵琶湖の土を盛って富士山に、諏訪湖の土を盛って浅間山を造ったので、それ以来今日に至るまで、石長比売は富士山に、木花之佐久夜比売は浅間山におられるのだという(9)。

さらには『古事記』に伊勢神宮の内宮のことを、佐久々斯侶伊須受能宮《さくくしろいすずのみや》と表現されている。ここで問題なのは「佐久」であって、続く「々斯侶」は腕輪の釧のことである。サク釧とはどのような釧なのかということになる。

「佐久々斯侶」とは裂釧《さく》(10)のことで、口の裂けた鈴のついた釧のことだと一般的に説明されている。ところが、鈴はいずれも球形のものに裂け目をつくり、空洞内に丸く固めた小球を入れ、これを振って鳴らす。裂釧とわざわざ断るまでもなく、鈴釧というほうがわかりやすい。

これも「佐久」を「咲く」や「裂く」とせず、「佐久」はそのまま「佐久」のこととしたい。佐久々斯侶伊須受能宮とは、佐久地方で製作の釧のように美しい湾曲している五鈴川の川上の宮となろう。

佐久釧とは、弥生時代後期の釧で千曲川流域を発信源として、関東地方南部、東海地方の静岡県・愛知県などに分布している。

釧には銅釧と鉄釧があり、女性は右腕に多く銅釧を着装し、男性は右腕に多く鉄釧を着装していた。銅釧着装の代表例は、佐久市岩村田の上直路《かみすぐじ》遺跡で、帯状円環型を女性の左腕十一点、右腕に五点である。

鉄釧着装の代表例は、佐久市平賀字後家山《ごかやま》遺跡で、男性の右腕に螺旋状鉄釧が五巻と六巻が連結していた。螺旋状鉄釧はバネ式になっており、当時の技術の高度さをうかがわせる。

『古事記』の「佐久々斯侶」に対して、『伊勢国風土記』では「佐古久志呂《さこくしろ》」とみえる。「佐古久志呂」は五十鈴川のソコクジリ（底堀）の意(11)に解されている。

そのような無理な解釈をせず、「佐古」とは、やはり「佐久」のことと考えたい。寿永《じゅえい》元年（一一八二）

の横田河原（現・長野市篠ノ井横田）合戦の頃の木曽義仲軍の佐久源氏はサコ党と呼ばれている。サコとは、谷あいの長いくぼ地をいい、セコともいう。苗字の佐久は御代田町で名残ったと考えられている。(12) 御代田町には、谷あいの長いくぼ地が発達しており、独特の地形を佐久地方ではサクまたはサコと呼んでいたことが考えられる。(13)

このように古代において佐久地方と三重県は、とりわけ関係が深かった。そのことは真楽寺の創建時や創建理由を理解するのにかかわってこよう。

上信国境の浅間山の見える範囲も、三重県とのかかわりがあるらしい。長野県上田市の塩田平に古安曽《こあそ》の地名があり、『和名類聚鈔』の小県郡安宗《あそ》郷にあたる。古安曽の北東にも遠く浅間山がよく見える。

三重県度会《わたらい》郡大紀町阿曽《あそ》の南でやや東めいた方角にも浅間山がある。九州の阿蘇付近には、なぜ浅間山がないのか、かねてより疑問に思っている。

五　浅間山より西

ところで、信州諏訪大社の縁起として知られる『諏訪御本地縁起』は、日本の神の由来をインドの神仏を以って説いた本地物《ほんじもの》の一つであって、「甲賀三郎の物語」といわれている。日本各地に関連する多くの異本や民話が伝えられてきた。

信州諏訪大社　上社本宮幣拝殿
諏訪地方観光連盟提供

まず、「諏訪御本地縁起」は主人公の名によって二つに区分されている。主人公の名を甲賀三郎諏方《よりかた》とするもので諏方系、主人公の名を甲賀三郎兼家とするもので兼家系がある。

両系とも甲賀三郎の地底遍歴の後の出口が浅間山付近までは一致する。ところが諏方系は、現在の真楽寺の境内の「大沼」あるいは「大沼の池」などとなっているが、兼家系は「なぎの松原」となっていて、相違する。

金井典美氏の『諏訪信仰史』(14)の「諏訪御本地縁起の写本と系統」に基づき、諏方系五例の地底からの出口の解釈を試みてみたい。

㋑　浅間の巓《いただき》
延文三年（一三五八）諏訪縁起（安居院《あぐい》神道集）

㋺　あさまよりにし　おゝぬまやま
天正十三年（一五八五）諏訪御本地縁起（諏訪史料叢書巻二）

㋩　あさまよりにし　おうぬま
寛永二年（一六二五）諏訪縁起物語（室町時代物語集二巻）

㊁　浅間峯より　おふの間の池
天保十二年（一八四二）諏訪御油来之記（丸山文庫蔵）

㋭　浅間の岳　より大ぬまの池
弘化四年（一八四七）諏訪草紙（斯道文庫蔵）

㋑について、「巓」は「いただき」と読み山頂のこと。延文三年（一三五八）に出版された当時の浅間山は火口があった。それなのに浅間の巓とわざわざことわっている。

甲賀三郎が地底から浅間山頂に出現したのは、山頂部が陥没した天仁元年（一一〇六）より昔のこととしたためであった。巓とは、火口の中心点あたりになる山頂と考えるべきであろう。

㋺については、㋩も同様であるが、「よりにし」は「より西」のことである。さらには「より」をどう考えるべきであろうか。

「より」は「から」で、「浅間山から西」と考えられる。あるいは「寄り」とし、「浅間山の近くの西」と考えられる。

さらに㋺の「おゝぬまやま」と㋩の「おうぬま」の違いは何であろう。真楽寺の字名は大沼であり、それと関係があるように思える。それゆえ大沼山といっているように思える。

邨岡《むらおか》良弼《りょうすけ》の『日本地誌料』では、真楽寺の山号を青沼山としている。この場合「あおぬまやま」などと読んではいけない。

この「青」は、古代日本には赤・白・黒・青の四色しか存在しなかった時の、その青にあたるらしい。青は、青空・青葉・青海の語からも考えられる空色・緑・淡黄・碧などをあらわしている。これらの色彩は赤と黒に対して中間色といってよい。

赤・白の明るい世界に通じる淡い世界、『古事記』の黄泉《よみ》の世界と類似の世界である。「青」の発音は「おう」「おー」「おお」などが考えられる[15]。

青沼山と大沼山は発音が同じになってしまう。青沼山あるいは大沼山は真楽寺の山号となるので、「おゝぬまやま」は真楽寺を指していることになる。「おうぬま」は真楽寺の字名であり、境内にある池名にもなる。

㋩の「おうぬま」と㋭の「大ぬまの池」は、現在でもそういっているからわかるのだが、同一のものに二つの呼び方がある。㋩のように大沼といった場合は沼、㋥のように大沼の池といった場合は池ということだろう。

甲賀三郎は竜として、そこにすんでいたことになっている。竜のすむところは水底のわからないことが条件であり、沼ということになる。その意味では大沼が相応しい。

実際には一年中水草がかなりはえている。だが透明度が高く底まで見えることから大沼の池がよいように思う。池は約一〇〇〇平方メートル。

㋥については、㋭と同様に「にし」の語がない。「より」を「から」としては意味が通じない。「の近くの」ということになるだろう。

「おふの間」の「おふ」は、「おう」「おー」「おお」などと近い発音である。「の間《ま》」の「の」は、

「ぬ」を「の」と発音しやすい。

信濃は『記紀』や「藤原宮木簡」など科野と書くこともあるためシナノと読むことも考えられるが、『万葉集』では「濃」は「ヌ」の仮名を用いており、しばらくシナノとした[16]とする考え方がある。これだと科野という表記は古く、信濃《シナヌ》は郡郷名に好字を命じた和銅六年（七一三）以降の発音になってしまう。

私の父の発音には伝統的なものがあり、「しなぬ」と発音していた。犬も「えの」であった。今でもテレビで沖縄の歌手が「島人《しまんちゅう》ぬ宝」と歌っている。

㊁の「おふの間の池」とは、㋭の「大ぬまの池」のことになる。㋭は㊁の発音重視よりも、読んでわかりやすい今日的な表記になっている。

㋺から㋭への甲賀三郎の地底からの出口の相違は、なぜそうなるのかという疑問が生じる。その中で、㋺や㋩のように浅間山から西に大沼山や大沼があるとするのは、南ならよいのだが、西への強いこだわりがあったからであろう。そのこだわりは、どこからくるのだろうか。

㊁や㋭のように西はやめ、浅間山に近い大沼の池とはどういうことなのだろう。大沼の池は浅間山に近いことが、それほど重要なのか。

㋺の大沼山からホの大沼の池まで、すべて真楽寺のことだとすれば、真楽寺は寺伝では三度も場所を移り変えている。実際は浅間山から遠くの南に移っている。

六　真楽寺とアマテラス

どうやら『諏訪御本地縁起』は真楽寺の始まりが、上信国境の活火山・浅間山の火口近くの西になる賽ノ河原であったことを語っているようだ。それは三重県の皇祖神アマテラスの祭られている神社の場所すべてと、真楽寺の創建場所が、アサマ山から近い西という同様な位置になるからである。

真楽寺の寺伝のいう、栄曇が用明天皇の勅を報じ、諸国を巡って最後に浅間山に登り賽の河原に庵を結び、世の平穏を祈ったとは、そこがそうするのに最も相応しい場所だったからである。

それは『日本書紀』の垂仁天皇の時代に倭姫命がアマテラスの鎮座地を求めて、巡行したことに似ている。アマテラスにとって鎮座するのに最も適した場所は、朝熊山の西になる内宮の地であった。

真楽寺は被災して賽ノ河原から三度移転して、現在の大沼の地に至っている。賽ノ河原から大沼に至ったことは、存続した同一の寺として、はたして説明できるのであろうか。

諏訪大社の縁起には、真楽寺の境内にある大沼あるいは大沼の池といわれている池が登場している。そこには、大沼の位置を「浅間より西、大沼」と表現している。

大沼が浅間山寄りの西ならば、真楽寺も浅間山寄りの西になる。「町誌」のいう江戸時代の延宝から元禄（十七世紀）のころより古くから現在地に真楽寺は存在していたことになる。

地図でみると現在の真楽寺は、賽ノ河原からの移動距離は南へ七キロ余り、西へ一キロ余りとなっている。これならば諏訪縁起は、西ではなく、「浅間より南　大沼」とすべきであった。

それなのに「浅間より西　大沼」というのはなぜか。現在の真楽寺が賽ノ河原と比べると一キロ余り西になっていることは、現在でも賽ノ河原時代の「浅間より西」の距離はかなり保たれている。

ところで、アマテラスの祭られている神社の創建順は、『倭姫命世紀』によると、アマテラスが永遠に鎮座する宮所を求めて、倭姫命がアマテラスを奉戴《ほうたい》し巡行した際、滝原の地に宮殿を建て祭ったとある。それが滝原宮である。

その後、さらなる宮所を求めて内宮の地にたどり着く。内宮の創祀とともに、荒祭宮が、創建されている。

アマテラスが内宮に鎮座の後、倭姫命が御贄《にえ》地を定めた。その折、志摩国の伊雑《いざわ》に稲が育っているのを見て「田を作りて皇太神宮に奉る物を」といったとあり、そこに造営したのが伊雑宮である。

しかしながら、『古事記』には、巡行の既述はいっさいなく、「崇神記」に「妹豊鉏《とよすき》比売命は伊勢の大神宮を拝み祭った」と見える。同じく「垂仁記」に「倭比売命は、伊勢大神の宮を拝み祭った」とみえる。これによると、アマテラスは天から直接降りてきて、伊勢神宮の内宮に祭られていることになる。

さて、真楽寺の創建はいつで、その理由は何であったのだろうか。その判断は、上信国境の浅間山南麓と共通する三重県の地名などを比較検討する必要がある。

御代田町のように浅間山・濁川・大谷地・長倉神社が集合している場合と、三重県のようにそれが分散している場合を比べてみなければならない。御代田町と三重県でどちらかが早ければ、ことが簡単か、難しいのか。

こう考えると、真楽寺の創建時期は用明天皇の時では新しすぎるように思えてくる。寺伝のように浅間山の噴火沈静とするのは無理なのではないか。

真楽寺は朝熊山の金剛証寺の創建時と今なお同じ真言宗なのである。三重県と容易ならざる関係を感じる小諸市滝原《たきばら》もある。そこは浅間山連峰の急斜面、高峰高原へ行く途中に位置する。

滝原といえば、三重県度合郡の滝原にはアマテラスが祭られている。小諸市滝原には塔の峰に、金剛証寺創建から三年後の天長五年（八二八）、弘法大師創建の真言宗天国山吉祥遍照寺跡と伝える仏寺跡[17]のあることに注目しなければならない。

そして小諸市滝原字長倉にも長倉神社がある。滝原では剣ヶ峰と黒斑山の間から北東に浅間山の山頂が見えるなど、三重県との関係が濃密であったことがうかがえる。

三重県から見た真楽寺に対する最大の疑問が残っている。真楽寺はこれまでに、伊勢神宮のようにアマテラスが祭られていたことがあったのかどうか。

真楽寺の本尊は、現在は大日如来である。太陽神・光明の神を基として考えだされた如来といわれる。如来とは真理の体現者の意。仏をうやまっていう言葉である。

真楽寺は神体山の浅間山を管理する別当寺であった。中世の神仏習合の時代にあっては、アマテラスは大日如来と同体とされていた。真楽寺はアマテラスが祭られた可能性が極めて高かったことが考えられる。

さて、このように述べたのは、アマテラスの祭られてきた三重県の五社から、真楽寺の創建理由と創建時期を解明しようと考えてのことである。真楽寺との共通事項からそのことに迫れるのだろうか。

ⓐ　すべてすぐ東にはアサマ山がある。アサマ山は朝日が早く射す。
ⓑ　太陽神と関わる寺社である。
ⓒ　どれも東国に位置している。
ⓓ　ヤマト王権が深く関係している。

以上の事項から生じる制約から、それぞれの創建理由は共通していて反するものではないことが考えられる。そこで真楽寺の創建理由とされてきたことを考えてみる。

まず、創建理由1の世の平穏を祈るために創られたとすることは、アマテラスを祭る神社の創建理由を否定するものではない。けしてアマテラスの鎮座するためだけのものとも考えられないからである。

創建理由2の上信国境の浅間山の噴火を鎮めるために創られたとすることは、真楽寺にはあてはまるにせよ、アマテラスを祭る神社には該当しない。

創建理由3のように、「町誌」は修験に関係する寺院として平安時代から中世の初めに創建されていたとするが、アマテラスを祭る神社の創建を修験で説明できるものではない。アマテラスを祭る神社の配置の相互関係は扁平三角形になり、古代日本における配置と同一である。拙著『記紀神話伝承史』を参考にしてほしい。

用明天皇は唯一『日本書紀』に「神道を尊びたまふ」とみえる。真楽寺の最初の配置は神道を考えてみなければならない。孝徳天皇は唯一「神道を軽《あなづ》りたまう」とみえる。

五章　浅間山とアマテラス
――真楽寺の創建理由について――

註

1 『限定復刻版　佐久口碑伝説集　北佐久篇』佐久教育会歴史委員会（佐久教育会）一九七八・頁七五～七六
2 現在の住職古越深志氏から大変ご指摘をいただいている。私自身は檀家にあたる。
3 『御代田町誌　歴史編上―原始・古代・中世―』町誌編纂委員会（町誌刊行会）一九九八・頁四九〇
4 『三省堂日本山名事典　改訂版』徳久球雄ほか（三省堂）二〇一一・頁二三
5 『寺田寅彦　第三巻』寺田寅彦（岩波書店）一九四八・頁五～一四
6 楠原佑介ほか（東京堂出版）一九八三・頁一一
7 『記紀神話伝承史』柳沢賢次（東洋出版）二〇二〇
8 『古代地名語源辞典』楠原佑介ほか（東京堂出版）一九八一・頁一三一
9 『信州の口碑と伝説』杉村顕（郷土出版社）一九八九・頁一八三
10 『新潮日本古典集成　古事記』西宮一民（新潮社）一九七九・頁九〇
11 『風土記　日本古典文学大系2』秋本吉郎（岩波書店）一九五八・頁四三九
12 『佐久の人物と姓氏』菊池清人（櫟）一九九七・頁一五七～一五八
13 『日本方言大辞典　上巻』尚学図書（小学館）一九八九・頁九九一
14 『諏訪信仰史』金井典美（名著出版）一九八二
15 『神と村』仲松弥秀（梟社）一九九〇・頁一四〇～一四七
16 『万葉集①　新編日本古典文学全集6』小島憲之ほか（小学館）一九九四・頁三七九
17 『角川日本地名大辞典　20　長野県』一九九〇・頁六八六～六八七

あとがき

私が明治大学の学生だった時は、学園紛争が激しかった。それを見て私は三〇代半ばまで思想家になりたくなってしまった。

大学時代に最も感銘を受けたのは、クラス担任の篠沢秀夫氏から二、三度聞いた言葉だった。「君たちは、これからの長い人生に発明や発見に遭遇する機会があるかもしれない。その発表する際、数的表現方法をもって論証しなさい。数的表現は正確になり、反駁《はんばく》する相手も否定しやすい」という内容の言葉であった。

いつも篠沢氏は私の方を向いて話したために、私は小学生以来の学業成績を思い出して、いたたまれなくなってしまった。口の中で、自分はとても可能性がない。申しわけありませんと繰り返していた。

今は多少なりとも思想家と似たようなことをしていると思えば、不思議な気がする。『記紀』を読んでいる時、篠沢氏の言葉を繰り返して思い出している。記紀神話はもともと数的表現をしているではないかと思う。

私が東京大学へ事務員として就職したのは、これといって得意のない者が発明や発見を身近に知って、感化を受けたいと思ったからである。

ところがどこをどう間違えたのか、私自身がたいへんな発見をしてしまったらしい。ことの重大さに、とにかく多くの人に知らせなくてはならないと考えた。

平成二年（一九九〇）に『天皇制最奥の論理』という本を出した。今は途絶えているが記紀神話は伝承されてきたことを述べた。令和二年（二〇二〇）には記紀神話の伝承自体が歴史になっていることから、『記紀神話伝承史』を出した。

記紀神話には基本型があり、それが物によって表現されている。記紀神話が伝承されたことがわかる場所が残っている。そこへ旅行に行くこともできる。埼玉県行田市埼玉の埼玉古墳群もその一つである。

私のことを聞きつけて、東京大学にその研究方法を残してほしいと申し出があったらしい。その研究方法を私から別の人に引き継がせて、研究方法を大学に残してほしいという内容だったようである。ところが、文科系の研究方法は人によってそれぞれ違っていて、それを引き継ぐことなど無理だ。かつて引き継ぐように試みたが、後継者はおかしくなってしまったという説明で断ったらしい。なにも研究方法などといわなくても、遠い日本人の祖先が、われわれ子孫に伝えようとしたことではないか。神話伝承を再び続け始めたいというもっともな理由であったのではないか。

神話が造形によって表現されていることはたまらなく快感だ。世界遺産という手段を借りて、それを人類の輝かしい遺産として国外に紹介すべきだと考えている。

生前両親は、私が定年になったら田舎に帰ってこいといっていたが、私は帰らなかった。今年の五月、間違いなく帰るために、両親の墓の横に私の墓の準備をした。

私は埼玉古墳群を得意としている。コロナ禍前ぐらいから埼玉古墳群の二子山古墳は発掘調査が行われてきた。どのようなものが出土するのかはある程度予測ができた。

二子山古墳は記紀神話伝承の一過程の一部分として葦原中国に相当している。葦原中国がどのようなものか理解するのに絶好の機会になる。ただし、旧武蔵の国の最大の前方後円墳としての期待にはそぐわない。

それに対して埼玉古墳群の西南端の奥の山古墳は、鉄砲山古墳の堀に、堀と堤が押しつぶされている。奥の山古墳は筑紫日向の笠沙の御前（薩摩半島の野間岬）のホノニニギに相当する。装飾須恵器と高杯形器台が発掘されたやんごとなき古墳なのである。野間岬も九州島西南端に位置する。

さて、埼玉古墳群は令和二年（二〇二〇）に特別史跡に指定されている。特別史跡の指定基準は「我が国の歴史の正しい理解のために欠くことができず、かつ、その遺跡の規模、遺構、出土遺物等において、学術上価値あるもの」「史跡のうち学術上の価値が特に高く、わが国文化の象徴たるもの」であるという。

私は『記紀』成立に埼玉古墳群は大きく影響を与えていることを拙著で述べてきた。その関連する内容を改めて考えてみたい。

①記紀神話を表現し、伝えたこと。
②『記紀』編纂の仕方を理解しやすくしていること。
③宮都の変遷の仕方を理解しやすくしていること。
④古墳の築造順は記紀神話の進行段階を語っていること。

さらに拙著で述べたことを改めて問いなおしてみたい。

①記紀神話は伝承されたものなのか。
②埼玉古墳群は無計画に作られたものなのか。
③『記紀』編纂時の測量技術はどれほどのものだったのか。
④真楽寺の創建伝承は信頼にたるものなのか。

それにしても記紀編纂について、記紀神話の原型からどれほどの真実を解明することができるのだろうか。編纂といえば、人ごとならず拙著を思う。

まつやま書房の会長・山本正史《まさし》氏、社長・山本智紀《とものり》氏、副編集長・内田翼氏と、市の文化センターに隣接する喫茶店で何度も打ち合せていただいた。本を出してもらうには大変な御苦労のあることを知った。私の考えたよりははるかに遅れとなり、内田翼氏に特にお世話になった。

令和五年九月十一日　巣立った鳩が訪れる寓居にて

【著者紹介】
柳沢 賢次（やなぎさわ けんじ）

1947年、浅間山南麓・長野県北佐久郡小沼村（現在の御代田町）塩野に生まれる。長野県上田高校、明治大学法学部卒業。東京大学事務員となり、定年退職。

紆余曲折の中、30代半ばすぎ『古事記』『日本書紀』に出会い、記紀神話は伝承されてきたものと気づく。その後、その時から2倍以上の年がたってしまった。

『天皇制最奥の論理―日本の不変思考について―』（日本図書刊行会、1990年）、『記紀神話伝承史　日本に哲学は存在した』（東洋出版、2020年）などの著書がある。

造形の記紀神話 ―埼玉古墳群を世界遺産に―

2023年10月17日　初版第一刷発行
著　者　柳沢 賢次
発行者　山本 智紀
印　刷　日本ワントゥワンソリューションズ（株）
発行所　まつやま書房
〒355－0017　埼玉県東松山市松葉町3－2－5
Tel.0493－22－4162　Fax.0493－22－4460
郵便振替　00190－3－70394
URL:http://www.matsuyama-syobou.com/

ISBN 978-4-89623-201-1 C0021